大夏书系 | 教师专业发展

深度学习课堂的

构 建 逻 辑

莫国夫 —————————————— 著

华东师范大学出版社

·上海·

图书在版编目（CIP）数据

深度学习课堂的构建逻辑 / 莫国夫著 .
— 上海：华东师范大学出版社，2024
ISBN 978-7-5760-5013-4

I.①深 ... II.①莫 ... III.①课堂教学—教学研究—中小学 IV.① G632.421

中国国家版本馆 CIP 数据核字（2024）第 101543 号

大夏书系丨教师专业发展

深度学习课堂的构建逻辑

著　　者　　莫国夫
责任编辑　　卢风保
责任校对　　杨　坤
封面设计　　奇文云海 · 设计顾问

出版发行　　华东师范大学出版社
社　　址　　上海市中山北路 3663 号　邮编 200062
网　　址　　www.ecnupress.com.cn
电　　话　　021-60821666　行政传真 021-62572105
客服电话　　021-62865537
邮购电话　　021-62869887
地　　址　　上海市中山北路 3663 号华东师范大学校内先锋路口
网　　店　　http://hdsdcbs.tmall.com/

印 刷 者　　北京季蜂印刷有限公司
开　　本　　700 × 1000　16 开
印　　张　　15
字　　数　　219 千字
版　　次　　2024 年 6 月第一版
印　　次　　2024 年 6 月第一次
印　　数　　6 100
书　　号　　ISBN 978-7-5760-5013-4
定　　价　　69.80 元

出 版 人　　王　焰
（如发现本版图书有印订质量问题，请寄回本社市场部调换或电话 021-62865537 联系）

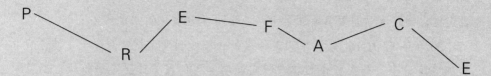

序言：写给热爱课堂的老师

　　课堂是学校工作的主阵地，也是教师职业生命的安顿之所。努力提升课堂质量，是所有教育工作者的基本共识。

　　我所接触的大量一线教师，都想努力把课上好：怎样让学生被新知吸引？怎样让学生不掉队？怎样让学生更愿意思考，真正成为学习的主人？……

　　让学生在课堂中有更好的成长，这是教育工作者的珍贵良知。但由于各种原因，不少教师渐渐失去追寻理想课堂的热情和勇气。

　　在20年的教研和培训工作经历中，我一直在做一件事情——帮助教师更好地理解课堂，胜任课堂。

　　尤其是自2016年开始，我开始系统学习国际著名教育学者佐藤学先生的"学习共同体理论"，深刻体悟到"对学习者人性的洞见与尊重"是一切学习发生的基础，而这正是我们的课堂长期欠缺的。

　　行动优于理论。我和团队由此开始探索"学习共同体理论"在现有条件下如何实现在本地的创造性转化，实现课堂深度学习，并因此结识了全国诸多同道，得到许多学术滋养和交流的机会。我还曾有数次机会亲历佐藤学先生的工作场景，他的谦和务实让我感慨至今。

在实践探索过程中，我们对本土化深度学习课堂构建的肌理与逻辑愈加清晰。与过去直指学习表层功利的"有效学习"与"高效学习"相比，我们提倡的深度学习更具有课堂学习、学科学习本身的完整意义。

2020年12月16日，《中国教师报》曾整版刊发由褚清源先生主持，我和陈静静博士、马东贤校长就"迈向深度学习的课堂改进"进行深度对谈的文字。在即将阅读本书之前，推荐您先读读我当时对深度学习课堂有关问题的理解与表达：

主持人：深度学习是当下教学改革中的一个热词，请分析当前课堂改革走向深度学习的背景和必要性。

我经过长期的课堂观察发现，学生的课堂学习大面积存在浅表性学习、表演性学习、虚假性学习现象，主要表现在教师普遍对学生的学习起点关注不够，缺乏学情研究意识，尤其以学习内容的浅表性和碎片化最为突出。教师习惯于将注意力集中在教学内容的完成度与完整性上。课堂高速、平顺地线性滑行与缓慢而复杂的学生学习历程之间存在巨大落差。

同时，还表现在学习个体互相孤立。课堂强调个体的表达而忽视相互倾听，学习分化现象严重。学习任务以识记、练习等低阶思维为主，缺乏挑战性学习任务设计。课堂学习结果脆弱，所学知识与能力在学生的认知结构中处于梗阻状态，学生难以解决陌生的问题情境。

主持人：为什么课堂上会出现这种状况呢？

我认为，出现这种状况的原因主要有以下几点：

一是教师潜意识中默认"教过"就是"学过"。比如一些教师在课堂上教得细致入微，频繁提问、互动，看似热闹，但学生思维却没有被激发，没有真正思考和领会。

二是对学习困难学生缺乏回应和支持。由于理念认识、班额等原因，一些教师在课堂上沉浸于自己的"教"，较难看到学生真实的学习历程，更难以发现并帮助学生走出学习困境。

三是长期受学习内容以考点为核心导向的影响，依循"考什么"就"教什么"的机械逻辑，以应试为取向，把具有丰富联系、生动鲜活的学习内容压缩成传递知识、传授应试能力的过程。

四是长期受竞争性课堂文化影响，不只是教师重说轻听，学生关注的也是"我要说"，而非"我要听"。没有建立起倾听基础上的表达，难以形成大面积、高质量的学习结果，学生也感受不到课堂应有的安全感与润泽度。

主持人：关于深度学习这一概念，在学界一直存在不同的定义和观点。如果要定义深度学习，其重点应指向什么？

我主张深度学习是围绕学习本身，统整、优化学习的相关要素，追求学习内容精准、学习关系安全、学习思维高阶、学习结果强黏性的一种学习状态和过程。

面向未来的课堂学习不再是对知识符号的简单占有，教师不仅要有学科思维，更需要有教育学的思维，要看到课堂教学的最终目的是促进儿童的全人发展。也就是说，学科教师的角色理解要自觉从"学科教学"升级到"学科育人"的高度上来，从"学科知识代言人"升级为"如何用学科育人的探索者"。

深度学习重点就是要追求学生在学习中的深度卷入，追求学习内容与学生生命处境的深度联系，追求学生思维的萌发和登攀，追求学生学习结果的强黏性和去脆弱化，特别是强调个体在学习中的意义感和效能感。

主持人：那么，回到课堂实践层面，迈向深度学习需要什么样的策略支持？

一是从学习内容来看，要努力让学生进入"学习区"。"学习区"，即学生通过努力可以抵达的区域。

二让学生经历真实完整的学习历程，如果用曲线表示可能接近于左低右高的"U"型。首先需要学科的公共知识"下沉"。"下沉"是对知识具象化、联系化的过程。"U"型的底部就是学生"自我加工"的再认知过程。最后才得以实现学科知识的"上浮"和"突破"，实现对书本静态知识的个人化理解、自我建构并获得知识的意义增值。

三要全面建立以倾听关系为基础的课堂生态。倾听关系的本质是尊重，所产生的首先是安全、安心、安定的课堂氛围。倾听关系还意味着人与人互惠的深度联系。当然对于教师来说，更应该成为课堂倾听的示范者。倾听每一个学生的发言，就是发现教学的可能性。某种程度上，教师要相信学生能引领你如何教学。

时代在迅猛发展，教育裹挟其中。面对未来，我们的课堂亟须迭代升级。倡导深度学习从未像现在如此迫切。

如果您想更多地了解我和我的团队这些年来对课堂深度学习的思考和实践探索，您可以继续往下读，我相信一定会有一些表达触动到您，会有一些实操性的技术帮助到您。

这是我在"大夏书系"继《优秀教师的成长逻辑》之后的第二本书。也可以说，此书是《优秀教师的成长逻辑》中"研究课堂的逻辑"这一章的承接和生长。

感谢"学习共同体"等优秀理论给我的指引！感谢所有启发我、帮助我的人们！

最后顺祝各位老师能永怀热爱，享受课堂，和学生一起共成长！

我想，保持对更好事物的向往，能够让我们一起战胜时间，获得专业生命存在的伟大意义！

莫国夫

2024 年 2 月 10 日

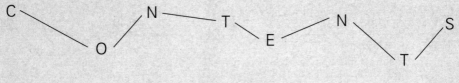

目 录

第一章　重塑课堂的教育哲学

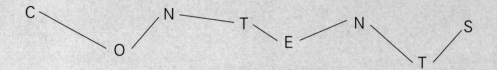

第二章　改进课堂的学习内容

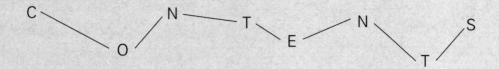

第三章　优化课堂的学习历程

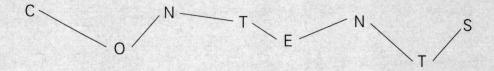

第四章　培育课堂的学习生态

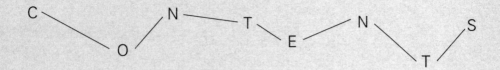

第五章　重建课堂的研究范式

第一章

重塑课堂的教育哲学

CHAPTER1

第二章

改进课堂的学习内容

建设有意义感的课堂学习生活

"班级授课制"兴起于第一次工业革命。在当时的语境里，时代进步的最大挑战来自民众面对机器时基本知识和基本技能的缺失。通过"班级"，以知识规模化传递来实现知识的普及，培养大量的、标准化的产业工人，可以说极大地推动了当时的社会进步。

对于教育自身来说，"班级授课制"为教育从精英阶层向普通大众的延伸提供了巨大的空间。这是人类文明发展中的伟大事件。

基于当时的现实，其主流教学观长期认为"学生的学就是对教师教的反应"，"好的教学就是要完成教师预设的目标"。在这样的观念下，教师在课堂中很难允许因学生随机出现的问题而改变教学的预设。

人类已经迈入了第四次工业革命。在这个以人工智能、元宇宙、量子为技术标志的时代里，个人的潜能解放和意义感赋能已经是这个时代的重大命题。

就学校教育而言，如上海建平中学原校长冯恩洪先生所言：总分第一的孩子有潜能，总分倒数第一的孩子也有强势智慧。

"每一个孩子都重要""一个都不能少"，已经成为一种趋势性共识。

党的十九大报告指出："努力让每个孩子都能享受公平而有质量的教育"。具体到课堂，就是保障每一个孩子在课堂中公平而有质量的学习权。这是时代赋予我们的责任与使命。

在这样的教育愿景下，课堂话语的转型与迭代会自然发生。在今天，无论是新的《义务教育课程方案》及各学科的新课程标准的颁布，还是我们更早期看到的"学为中心""学本课堂""生本课堂""学导课堂""学历案"等各种以学生、以学习为取向的课堂话语系统的涌现，都在说明学校课堂的变革与进化已成为趋势。

但理念与实践总有距离，愿景与现实总有鸿沟，在强大的短期功利的绑架、驱动下，这种撕裂有时形成了一种心照不宣的悖论：嘴上、纸上说的是时下的理念，行动上依然是"涛声依旧"，逆趋势而行。

这一方面因为传统观念的强大和教育政绩观的偏差，另一方面则是因为新观念缺乏落地的支架，导致在实践层面失去了反馈、改进、迭代的逻辑。

课堂需要匹配时代。在笔者看来，现代课堂首先需确立起基本的行动哲学，即"建设有意义感的课堂生活"。

学习需要有思维登攀和正向情绪的深度体验。每一个正常的孩子都生而好奇，对这个世界充满了探索的欲望。但当学习只意味着强制、惩戒、强迫、无力、枯燥的时候，他们就会逃离学习。

深度学习高度关注学习者置身课堂的"被动性中的能动性"，关注学习者在课堂学习历程中真实而饱满的体验和成长。

从战略看，深度学习不仅关注学习者学习现场的意义感，更关注为未来泛在学习埋下"学习即意义"的种子。

而教师，作为课堂学习活动设计师，迫切需要对学习有更高维度的认知。

比如意识到学习本身首先是整体的、综合的、情境的，而不是零星的、分拆的、悬置的。

在知识取向的课堂里，我们讲究的是课堂的知识大容量、快节奏，讲究的是新授知识的"堂堂清"。

但唯有当"知识"被置于具体的真实情境之中才有意义，这种被情境链接起来的"知识"才能臻于深度理解。

认知和运用是学习过程的一体两面。真实的世界里，认知与实践虽各有侧重，但却往往是同时发生。

"知是行之始""行是知之成"，明代大思想家王阳明先生提出的"知行合一"，大到可以成为人生的指引，小到可以成为理解学习世界的钥匙。以语文学习为例，最朴素的常识就是在阅读中学会阅读，在写作中学会写作。这就如生活中的在骑车中学会骑车，在游泳中学会游泳。

知识很重要。但无论是陈述性知识，还是程序性知识，所有未经运用的知识都是惰性的，它无法直接转化为学习者的素养和做事的能力。

经历过真实学习的人都清楚，我们是在运用中深度理解了知识，而并不是因为记住了知识而会自如运用。

在一线的教学现场经常可以发现，当基于真实情境的挑战性任务出现时，学困生的兴奋程度往往会出乎我们的意料。在这样的任务里，因知识积累导致的差距会被大幅缩短。这样的挑战性任务中往往蕴含着更多的"逆袭"和"弯道超车"的机会。这也是佐藤学在其"学习共同体理论"中强调课堂挑战性学习任务的原因。

深度学习不是单纯地积累静态知识和发展简单能力，而是要求重建因应陌生化真实情境的知识和关键能力。

再比如，在全国上下大力倡导课程育人的核心素养时代，我们需要更清晰地意识到衡量学习成败的关键在于学习者的自我效能感，而不是看似公平的分数和排位。最起码分数和排位不应成为衡量个体学习成败的唯一指标。

如果我们认同上述观点，可能就会衍生出这样的教育观念：学生最微弱的进步就是最重要的进步！最小的学习成果都是学生最闪亮的勋章！

当我们认真思考这些问题的时候，就在不断靠近现代教育的理想——保障每一个孩子公平而有质量的学习权。

当我们提出"课堂生活"这一概念时，其实就是在探讨以教育生态学为视角来理解课堂改进的可能性。

安全感和对话精神是人与生俱来的需要。但太多的学习世界充斥着"公寓文化"和"丛林文化"。这样以相互孤立和优胜劣汰为文化特征的课堂生活，不可避免地会导致学生学习行为的异化。

今天我们迫切需要以"学习共同体"的视角来认识课堂的时代定义。

佐藤学先生对此早有洞见：学习是学习者与客观世界的对话，是建构世界，是文化性实践；学习是与他人的对话，一切的学习都是内蕴了同他人之关系的社会性实践。学习更是个人的存在性实践，通过跟自身的交往与对话，重建自己的内部经验，实现知识的智慧化、人格化，进一步构筑自身的价值及存在意义。

教育部基础教育课程教材发展中心副主任刘月霞在中国教育学会第三届课堂教学研讨会暨高质量初中教育发展研讨会上的主题发言值得我们深思："PISA（国际学生评估项目）有一项研究结果显示，动机影响着学生的学习成绩。而中国的学生实际上是缺乏学习动机和学习信念的。2015 年，针对参加 PISA 测试的中国学生的一项调查结果让我们很吃惊。他们中将来期望进入科学相关行业从业的学生比例仅为 16.8%，而美国是 38%，OECD（经济合作与发展组织）成员国的平均值是 24.5%，这反映了我们的学生在学习信念、学习动机方面存在着严重的问题。"

确切地说，我们在旧的体系里更多培养的是学科知识的知道者，而不是智识者（智慧＋知识）。

智慧从哪里来？主要来自课堂学习历程中的意义感，来自学科知识背后的学科思维网络。

今天，从"双基""三维目标"到新课标语境下的"素养导向"，话语方式的转变，概念的重塑，意味着我们对学科教学、对课堂育人功能和使命的新的理解。

如《义务教育语文课程标准（2022 年版）》课程理念的第一条这样写道：立足学生核心素养发展，充分发挥语文课程育人功能。

"语文课程育人"强调着语文在哺育学生认知和精神成长中的独特功能。这不仅指语文课程内容本身的营养，还意味着学习者在语文学习过程中的心理体验。学科课堂学习的意义感由此而生。

无论现在还是将来，我们都需要理解——对于学习者来说，意义感是所有学习的核心价值所在！

课堂深度学习，为赋能学习者的意义感而来！

人工智能时代的课堂追求

AI 发展的速度已超出人们的预期。从超级电脑深蓝击败国际象棋棋王卡斯帕罗夫，到阿尔法狗毫不留情地打败当时人类围棋的极限李世石，不过短短几年，以 ChatGPT 为代表的大型语言人工智能横空出世，快速迭代，重塑人类的生存世界看起来已经势不可挡。

教育需直面所有社会变迁的未来。ChatGPT 的横空出世，让全世界的教育系统受到了从未有过的冲击。原来的搜索引擎有效解决了记忆、理解等分布式认知问题，而以 ChatGPT 为代表的生成式人工智能已经实现了高阶认知目标的创造。

作为教育工作者，我们可能都不得不思考一个问题：教育有哪一些是区别于机器的，有哪一些是机器完全没办法相比的？

在我看来，其主要的分水岭就是自我的意义感，换句话说，意义感是人与机器在学习进阶中最重要的区分标志。

在生产力相对低下的社会阶段，教育的使命首先关注的是人的生存，这是大规模培养"工具人"的时代。在物质逐渐丰裕，技术大规模解放生产力时，教育必然会转向人的自身，全面关注人对美好生活的更高追求和可能性。可以说，培育人的意义感是教育"以人为本"的全部精髓。

即使是在工业革命初期，雅斯贝尔斯也在《什么是教育》中反复谈及："教育的过程首先是一个精神成长过程，然后才成为科学获知的一部分"；"创建学校的目的，是将历史上人类的精神内涵转化为当下生气勃勃的精神，并通过这一精神引导所有学生掌握知识和技术"。

重视精神的培育，其实就是在培育学生的意义世界，激发学习者的能动性。

但在今天，大量的学生在被成人世界当作"白板"，以此来复制或打印出自己想要的模样，堆积自己所谓的"荣耀"和"政绩"。

特别是在有升学压力的中学阶段，文化学科考试成绩就是王道，甚至可以"一俊遮百丑"。各类奖学金、先进都会落在成绩优秀的同学身上，极端的甚至是以年终的考试排名来依次评定各类学生的大小荣誉和奖项。

考试成绩很重要，但是考试成绩难以覆盖育人的丰富性。这应当是最基本的教育常识和最基本的社会常识。

在当下的语境里，没有好的升学考试成绩，对于一所学校来说，可能就意味着失去社会地位和职业成就感。但如果只有考试成绩，不仅是学校没有未来，社会也难以有未来。

精英引领科技、社会的发展，但社会是普罗大众组成的。民众的文明和心智的启蒙与提升从来都是教育的第一要义。"水涨船高"，历史上精英辈出、科学突破层出不穷的时代，都发生在民众思想跨越性觉醒之时。

人永远是社会发展最宝贵的因素。不仅是学习优秀的孩子重要，学习有困难的孩子一样重要，他们都是未来社会的公民。一个都不能少，每一个学生都重要。这不仅应成为我们教育工作者的工作准则，还应当成为全社会的共识。

我有一次和一位高校教授聊天，他和我说当年他在学业上一路开挂，春风得意，但走出校门短短一年，他就陷入了抑郁。他最难受的是再也没有确定性的考试，再也没有确定性考试带来的升级、高分、名次给他带来成功感了。

分数和升学总有一天会消失，但人生的考试却伴随一生。生而为人的意义感才是不可预测的人生的最坚实的依靠。

苏联教育家乌申斯基说：教师是克服人类无知和恶习的大机构中的一个活跃而积极的成员，是过去历史所有高尚而伟大的人物跟一代人之间的中介人，是那些争取真理和幸福的人的神圣遗训的保存者，……是过去和未来之间一个活的环节。

我们曾经经历过大规模上网课的日子。课好像是上了，知识好像也学了，但是，这还不是完整的学校。

学校是什么？是由活生生的人、活泼泼的精神构成的地方。

有专家说现代教育应当是一种"全过程深度浸润"。全过程，就是一个也不能少，一刻也不能停；深度浸润，就是要用人和人之间的真实关系，多角度地润物无声、春风化雨。我非常认同这样的说法。

事实上，随着社会和技术的发展，学校和课堂已经开始了各种自我进化。以追求深度学习为代表的课堂价值观已经越来越得到基础教育从业者的认同。

让学生在课堂学习中学会寻找和确立更丰富的意义感，是课堂深度学习设计要遵循的原则。

这样的课堂意义感来自获得知识与能力的意义，来自与人交往沟通的意义，最终作用是每一个学生不断完善自我的意义，在课堂中感觉到存在感、体面感、尊严感的意义。这三位一体的完整意义感，需要认知的实践、交往的实践、自我内在的实践这三种对话性实践来促成。这三个阶段相互渗透，相互影响，相互生成。

学科的知识是客观、静态存在的，但唯有经过对话、互动，学科知识才能为学生所理解、运用，重构为学生个人化的、鲜活的主观知识。

同时我们还要意识到，人类的历史就是一部知识的成长史，它从来都不是静止的。认识到这一点，能够让我们有底气去引领学生用平视的眼光看待学科知识，而不是伏地仰望。

学校和课堂是最应该产生想法的地方，也是最应该容忍试错的地方。

课堂是一个微型的社会，教育教学的发生，依赖于良好的人际关系。从这个意义上说，与学生面对面的对话交往，是老师最重要的价值。

在人工智能迭代加速的时代，我们迫切需要建立这样的认知："机器态"的人永远难以胜过"人形"的机器。

但唯有意义感，才能驾驭人工智能这辆战车，帮我们开辟更好的未来。

而所有这一切，都需要从课堂开始。因为课堂是连接过去、现在和未来的真实所在。

"被看见"的意义感

阅读到一个材料：美国麻省理工学院做"探究人在什么情况下会产生意义感"的实验，他们给参与者很多纸，让你随意地、持续地撕，直到无力再撕。这个过程非常无聊，参与者越到最后越会感受到意义感的虚无。

什么样的情况才能让参与者认真对待，把纸撕得更好？实验下来发现需要两个条件：一个是突然有人看着，在撕纸的过程当中有人注视，参与者马上会摆正姿态，把纸撕得更齐整一点。另一个是告诉参与者这件事要署名，撕完一万张纸要放箱子里，上面要写上是谁撕的。

这两个条件，一个是"被看见"，他人的注视让参与者有了存在感，觉得自己被重视；另一个就是行为结果的绑定，这就是撕纸实验中的"署名"，通过绑定确认行为主体与行为结果的意义通道，这样的通道不仅是在表达行为者的责任，同时也是为行为本身的意义感叠加提供可能。

课堂学习的核心主要由两部分组成，一是课程内容，二是人的思想与行为。当我们讨论如何改进课堂时，习惯于把与课程内容关联最紧密的要素放在最突出位置，比如"提问、评价、作业、环节优化"等，但往往忽视课堂中一位位具体的学生在其中的感受和表现。

课堂深度学习的推动，必须让老师们"看见"课堂中的每一位孩子，"要把每一位孩子装进自己的身体意象"（佐藤学语）。一名出色的学科教师，不仅需有丰富的学科教学知识，还须有良好的教育学素养。这样的教育学素养首先体现在对课堂中学生的发现，体现在对学生如何完整成长的理解。

深度学习提倡"努力看见每一个孩子"，尽最大努力让学生对课堂有归属感，在课堂学习中找到自己的价值与意义。

理想的课堂应当成为实现学生学习心流的支撑系统。一个从来没有沉浸于学习之中、没有学习心流经历的学生，是难以成为可持续的、自我迭代的终身学习者的。

当一个学生完全沉浸在学习活动中，完全忘记外界的干扰，他愿意为学习登攀付出更大的代价时，我们相信，这样的学习意义感是趋于圆满的。

这也是我们理解"双减"的一个很重要的视角：我们要为学生减去的是缺乏学习意义感的、让人痛苦和难受的学习负担。同时，我们需要增加的是学习意义感丰盈的、学生愿意为之刻苦努力的、可以引发思维冲刺的挑战性学习任务。

好的学习体验本身蕴含思维的愉悦和心灵的延迟性满足，这样的学习体验每一个人都愿意付出更多的努力。

作为老师，围绕着"看见每一位孩子"的课堂追求，我们尽可以尝试和创新。笔者团队的老师就在课堂中实现了许多行之有效的微改进，比如让学生参与学习内容设计，为学生的学习成果署名，创设机制提升学生发言的参与率，让学生有与他人合作的机会、有进一步思考和表达的时空，等等。

特别是对学困生，我们创设了"下课前十分钟的优先发言机制"，让没有参与过的孩子优先发言，让弱者获得优先权。

一个人的生命意义感是一点一滴积累起来的。对学生来说，课堂是最重要的收获意义感的场域。这不仅关乎现在，更关乎未来。

从这个学习视角上我们就很容易理解"课程育人""课堂育人"。

培育自主的、可持续的终身学习者

我一直以为，课堂的核心使命就是培养学生成为自主的、可持续的终身学习者。这是一切课堂改革的最大公约数，是建设现代课堂的战略性思维。

人在幼年期，与许多的哺乳动物一样，都有着与生俱来的学习基本生存技能的能力。但除此以外文明世界的文化知识与能力的学习，都需要以教师为代表的成人世界的指导与支持。

可以说，学生今天经历的课堂学习方式，直接决定着他未来获取和运用新知与能力的方式。

自主学习能力是终身学习的基础。有意识地重视和培育学生的自主学习能力，这是现代课堂设计与实施的重大命题。

叶圣陶先生说：教是为不教。这个朴素有力的观点，几乎每一位教育工作者都能脱口而出，但现实与此却有着巨大的鸿沟，以致我们经常可以见到、听到各种程度不同的"学习巨婴"。比如：教师在场时学习态度好，教师不在场就难以自控、自律；管理严格时学习比较好，管理宽松时就开始"放飞自我"；在基础教育阶段通过努力考出了好成绩，进入大学却陷入"游戏陷阱"和精神迷茫……

我曾经看到一个材料：2020 年，北京师范大学对全国 3.9 万学生、4.2 万教师做了一个"居家学习"调研。本以为大家最焦虑的问题，是教师们如何跨越"数字鸿沟"，掌握线上教学技术，但调研结果却显示，学生在家学习不自觉、没动力。大面积厌学已成为线上学习，特别是持续线上学习的最大问题。原先不良的学习方式带来的后果在线上学习中被加倍放大。

不少的学生甚至还偷偷带着手机学习，甚至哄骗家长说听课时要查资料。一些焦虑的家长甚至装摄像头监控孩子学习。

成人世界与学生围绕着学习的角力竟然异化到"剑拔弩张"的境地。

这一方面因为师生没有同在一个物理场域，屏幕让师生和同伴的关系变得单一、微弱，让学习者的存在感比较虚无；另一方面则是因自主学习能力的薄弱，学习难以为继，直接表现是线上学习时注意力时常游离，虽然人坐在屏幕前，但却成了虚假学习者。

这样大规模的"停课不停学"的线上教学"实验"，已经可以让我们达成这样的共识：学习，尤其是深度学习的发生，要依赖丰富、生动、微妙的人际互动关系，自主学习能力是学生学力系统的底盘。

真实世界的学习挑战无处不在。对于个体来说，源自未知的困难将伴随我们终生。

上海师范大学陈静静博士在一次讲座中讲道：学生必须会自己学习。自学就是"自救"。

自主学习能力是学习生活中贯穿性最强的通用能力。一个学生的学习生活中有许多的场景需要自主学习，比如：遇上专业能力相对弱的老师；请假没有去上课；自己上课开小差，做作业、考试时发现关键概念没弄清……

生活中也是如此，我们遇到不明白的问题，也就两条路：一是自己琢磨，二是请教他人。学校学习其实就是社会生活的预备和演习。

从这个意义上讲，"培养学生成为自主的、可持续的终身学习者"就是课堂深度学习建设的主要愿景。

在我的经验和想象中，课堂深度学习的理想进程应当是在教师的指导和支持下，以个体自主学习为开始，以伙伴协同学习为过程，以更高阶的个体自主学习为归宿。

具体来说，就是因初始自主学习的迷思而产生协同学习的需求，因协同学习突破学习难点，有更大的学习能量进入下一轮的自主学习。每一轮的自主学习既是进一步内化之前协同学习的成果，同时也是发现新的迷思和困惑，从而萌生新一轮协同学习的可能，如此循环。这大概就是课堂深度学习的"螺旋模型"。

怎样的课堂就会有怎样的学生学习力。一个习惯于灌输的课堂，学生只能是"等""靠""要"。而一个以自主学习培育为价值使命的课堂，学生哪怕身处线上学习的"弱关系"，也依然能持续、自律地专注学习。

教师要想办法让"罗森塔尔效应"成为自身教育世界的主流风景，让学生看见、相信自己学习探索的力量，帮助学生迎难而上，自我实现。

教师在课堂中不仅要关注"外奖励"系统，还要鼓励学生建立"自奖励"系统。

当学生知道如何学习时，他们就能成为自己的老师。当他经常经历这样的学习方式，并从中找到属于自己的自主学习的习惯和兴趣时，他可能就已经拥有了成功的密钥。

在"双减"的时代背景下，我们呼唤以自主性、能动性为主导的学习方式能够"星火燎原"，让学生在课堂里真正能"学足学好"！

让课堂学习具有未来意义

近年来，各种模式、各种概念、各种"有效学习""高效学习"的经验层出不穷，但这似乎并不能消解我们的焦虑和迷茫。笔者发现有的地区、有的学校的课堂甚至异化到无论是哪个学科、哪种课型、哪位教师执教，一律严格按照规定的教学模式进行，还美其名曰"课堂建模"。但我们面对的是信息过剩、变化太快的时代。面向未来已来的人工智能时代，当下课堂教学价值的独特性可能需要重新发现。

历史学家尤瓦尔·赫拉利在《今日简史》中提到：学校应该转到教"4C"上，即批判性思维（critical thinking）、沟通（communication）、协作（collaboration）以及创造力（creativity）。

面向未来的课堂，需要超越简单地教知识，需要超越简单地教作业和完成考试，需要把每一位学生的思维力、创造力和人格的培育放在课堂中央。

课堂深度学习需要帮助学生拥有面对不确定未来重塑自己、进化自己的能力。

传统意义上的教师就是被贴上"数学""语文""英语"等学科标签的知识传授者，是知识的代言人，拥有知识霸权地位。而课堂其实就是教师带着知识走向学生的过程。这也是"要给学生一杯水，教师需有一桶水"的核心逻辑。

但在可以预见的未来，智能技术完全可以取代这类课堂和教师，完成知识的传递。如阿里巴巴集团创始人马云所言：在一个把机器变成人的社会，如果教学还在把人变成机器，是没有出路的。

今天，我们希望更多的课堂涌现的是教师和学生一起走向知识，在对知识的发现和探究中完成育人的过程。

面向未来的课堂，我们更需看到，学科学习并不是对学科知识符号的简单占有，教师不仅要有学科思维，更需要有教育学的思维，要看到学科教学的最终目的是促进儿童的全人发展。

也就是说，学科教师的角色理解要从"学科教学"升级到"学科育人"的维度上来，从"学科知识代言人"升级为"如何用学科育人的探索者"。

帕尔默在《教学勇气》中写道：优秀的教学不能被降格为技术，优秀的教学源自教师的自身认同和自身完善。课堂深度学习的追求更像是教师寻求完整教育的心灵游历。对于一位优秀的教师而言，自我、学科和学生是深深地联系在一起的，其中的牢固力源于教师对课堂中每一位学生的悦纳、观察与研究。

科学和技术的发展使教育正面临重大而深刻的变化。在这样一个知识大批量生产的时代，今后最不会学习的人可能就是跟人工智能比拼知识量。

2022 年 11 月 30 日，美国人工智能研究实验室 OpenAI 正式发布人工智能技术驱动的自然语言处理工具 ChatGPT。它能够通过理解和学习人类的语言来进行对话，还能根据聊天的上下文进行互动，真正像人类一样来聊天交流，甚至能完成撰写邮件、视频脚本、文案、代码、论文等任务。类 ChatGPT 的涌现和迭代，必然让学科教育的传统价值受到前所未有的冲击。

穷尽孩子的青春去经历大量的、低水平的学习过程，去反复识记学科的惰性知识和静态知识，事实上已越来越成为我们这个时代最大的浪费。苹果公司现任 CEO 库克这样说道："我不担心机器会像人一样思考，我担心的是人会像机器一样思考。"

上个世纪中叶，伟大的教育家苏霍姆林斯基就对一位物理老师说：你不是教物理的，你是在教人学物理的。我想这话在今天同样适用于所有学科的学习。

学科学习，不仅是获得学科知识和解题的能力，其学习价值和意义是指向全人的，甚至是超越课堂和学科课程本身的。最好的学科学习都会从学科本质出发，但不会止步于学科自身。这也是当下世界各国教育如此关注核心素养研究和培育的根本原因。

模块化、标准化、程式化是伴随工业时代产生的思维模式，其先进性在于可大幅提高生产效率，降低出错的可能性。前工业时代背景下的学校课堂就是批量生产合格生产者的地方。但面对第四次工业革命，当机器一样可以提供知识和体力，作为教育工作者，我们就必须追问，后工业时代，人类知识学习的核心价值在哪里？

在我看来，建立在人与人之间深度联系基础之上的课堂深度学习，其不可替代的价值可能在于对学生敏锐丰富的感受力、复杂的理性思辨力、对自然和他人的责任感以及好奇心的培育。

学科课堂的意义是什么？育人，育完整的人。这也是课堂深度学习的深远意义。

无论是课堂的变革，还是生活日常，实在有太多的经验与教训在不断告知我们：在正确的事上我们要善于做长期主义者。如果正确的事情不去坚持，那么我们有一天还会重新开始。

让学生见到自己的力量

学生是课堂的第一要素。对学习者人性的洞见，是实现课堂深度学习的基本前提。

在我的课堂深度学习话语体系里，意义感既是一粒高度浓缩的理论胶囊，也是课堂不懈追寻的远方光亮。

人生的意义在于寻求意义，感受意义，拥有意义。失去意义感，我们可能就是人生汪洋中失散的扁舟，既没有航向，也失去持续前进的动力源泉。

作为课堂生活的第一责任人，教师需要从学生人性中的真实需求去思考如何让课堂成为学生学习意义感的出发地。

课堂的意义感既来自学科知识与能力的获得，更来自学科精神与价值观的熏陶。

学习是极具个人意义的活动。如果学生在课堂中长期没有实现自我价值的机会，一次又一次地不被"看见"，自然感受不到为何学习的真实意义。如果学生对学习提不起兴趣，学习能力就会越来越弱，在课堂中的存在感和尊严感就会逐渐流逝，直至在课堂中关闭思维系统，成为学困生。

学习内容、学习工具、学习方式，乃至学习伙伴，都能为实现有意义感的学习提供"脚手架"。当我们讨论这些学习要素时，既要看到课程的学科本质，更要看到学生源自人性的本质需求。

向上向善是人与生俱来的良知。每一个学生，尤其是低学段的学生，只要有来自老师或是同伴的鼓励与肯定，他们都会被唤醒学习的热情，获得持续学习的动力。

学生需要课堂中的存在意义。人是一种意义的存在。人与人之间，人与事物之间，是通过制造意义而发生联系的。课堂首先要保障每一位学生公平而有质量的学习权。学习权是学生课堂中最重要的权利。

课堂学习还是极为社会性的活动。如果理解不到课堂社会性的复杂，理解不到课堂中的鄙视链存在，就无法破解课堂的丛林法则。

课堂要千方百计地建设学生之间、师生之间的倾听关系。教师特别要努力从学生那些微弱的声音、喃喃的低语、不经意的动作中捕捉学生的学习需求，明晰学生的学习困境，包容学生的思维分岔，理解学生的学习状态，顺势而为地给予回应、点拨和鼓励，感同身受地体会他们内心的情绪（焦虑、不安或兴奋），在情感上与学生站在一起，心心相印。与一门学科的知识学习相比，这是更加重要的课堂生态的改良。

未经审视和改造的课堂和教室是天然存在着鄙视链的。但在以深度学习为追求的课堂里，作为学习上的优势者，同样需要倾听关注学困生的表达。让同学成为"同学"的互学机制更要成为课堂文化。

从倾听出发，让每一位学习者都有尊严，让每一位学习者从孤立学习走向互惠学习，从互惠学习走向挑战性学习。

建立在人与人之间的深度协同关系，会让学习者从被动转向能动，会让学习深度发生。这样的意义感会为学科知识赋能。

比如，我们不想听到但却又时常听到的学生"轻生"，这本质是轻生者生命意义感的极度虚无所致。长期的意义感迷茫，加上某一刻的外部刺激，终致生命陷入意义感的真空。

每一次的扼腕痛惜，都需要我们教师刻骨铭心般地叩问每一门学科中的生命意识。每一门学科都是人类伟大的创造，都在指引青少年走向人生的美好。倡导热爱生命、热爱生活，从来都是代表人类文明精华的各类学科课程内容的应有之义。

现实是我们的学科教学活动更关心的是学科知识、学科能力、学科考点，而不是在试卷中可能难以直接、完整反映的珍爱、尊重生命的情感态度与价值观。

如果学科教学把来自"生命"的意义感抽离和风干，我们其实已经忘记了教育为何而来，为何存在。

除了学科的内容，我们还要反思课堂的日常如何为学生的意义感赋能，如何以学习来实现学生课堂中的存在感、体面感和尊严感。

教师应当努力让课堂成为一种"交响"。每一位学生都是具体而鲜活的，他们各有不同，恰如交响乐团中禀赋各异的乐器。"交响"的意义就在于不是齐奏，更不是独奏，而是不同乐器在不同声部按照自己的特性演绎出最美的音乐。课堂的深度学习就是追求每一位学生都能在原来的基础上不断进步，都能展现当下最好的自己，追求每个具体的学生的学习意义感和效能感，让他们找到在课堂中自身存在与学习的价值。

通过近年的探索与思考，我和团队凝练了深度学习课堂的基本价值观，简称为"三安""三互""三自"。"三安"指安全、安心、安定；"三互"指互学、互助、互惠；"三自"指自主、自治、自信。"三安"指向的是师生在课堂中的身心感受；"三互"指向的是学习伙伴之间的关系塑造；"三自"指向的是学习者的成长追求。

课堂是师生的另一种生命旅程，它不仅关系到未来，也关系到现在。课堂质量的高低，直接关系到师生当下生命质量的高低。

让学科知识具有个人意义

每一门学科都是人类文明的伟大创造，充满着学科特有的芬芳和魅力。

现实是我们的学科学习大都停留在解题的学习层次上。即使是解题的教学，事实上我们也大多无法或者无力去感受一道好题蕴含的文化、审美和思维，无法去领略一道好题的学科思想光芒，无法去解构一道好题的教育学意义。这也是不少伪学优生形成的原因之一。

学习首要在"学"，达成在"习"。"学"即模仿沿用的已有认知对话世界、认识世界，"习"即练习、迁移、运用，从而获得能力与素养，乃至创生新的经验与知识。从这个意义上说，学科知识的学习必须追求实现具体学生的个人意义。

浅表学习的行为特征是简单描述、机械记忆或呆板复制，这是一种低级认知技能的获得。因为没有对学科知识意义、知识联系进一步思维的意识，看似学得很认真，看似掌握了知识，但是知识的脱落却随时都在发生。

学科知识是教学的载体，但不是深度学习视域中教学的本质目的。

深度学习是基于知识的内在结构，通过对知识的处理和社群的影响，超越对知识的符号占有，获得符号所隐含的思想、意义及思维方式。

课堂不是知识的罐装过程。课堂教学更不该沦为"考什么教什么"。我们要警惕学得很认真，看似掌握了知识，但是知识的脱落随时都在发生的伪学习。

课堂应该是学科知识与学生生命处境、已有经验的不断联系和反复作用的过程。考察一些杰出教师的课堂教学，我们经常可以发现让知识穿越生命的精妙串联。

对于学习者个体来说，课堂深度学习语境中的学科知识将不会只是简单地传递和识记，而是一种进化与创生。这样的学科知识将是个人化的、鲜活的、高黏性的。这是课堂深度学习对学生学习意义感的重要促进。

特别要说明的是，深度学习永远不会是一个线性、顺滑的过程，而是一个迂回、纵深的复杂过程。

以阅读理解为例：学习者在老师的引领下，先要将文本情境还原为现实情境的"经验"，还原的过程就是公共性文本和知识下沉的过程。再通过与同伴的相互倾听对话，通过与其他资源的链接与探究，个人的理解才会更明晰，体验才会更丰富。学习者原有的语文经验和生活经验才会实现上浮突破，抵达更高层次的阅读理解。这样的"个人知识"获得的过程，用曲线表示，大概会是一个左低右高的"U"型形态。

学科知识就是这样落地转化，生根发芽，成为学生认知和精神的拼图。

可见，学科深度学习不是指增加学习的难度，更不是对学科知识的简单占有和机械训练。学科深度学习是基于课程的内在结构和学习者学科素养形成的内在规律，在教师的引导、启发下，让学习者从符号学习抵达学科思想、思维方式和意义系统。

一句话，学科深度学习是为理解而学、为思维而学、为意义而学、为发展而学！

让学生的天赋多一点自由

教育关乎人类社会的未来。

基础教育的使命是为人的一生打下基础。

教育的责任，在于挖掘人的潜力，培育人的可能性。教育的使命，在于提升人的尊严，提升人生而为人的幸福感。当学生开始为自己的兴趣和未来而学习，教育才能最终达成其目标。

人工智能之所以引起世界范围内的恐慌，是因为它会让越来越多的传统职业消失。这意味着工业化、标准化思维教育出来的人将丧失新职业的就业能力，无法创造新的时代价值。

那么，孩子在未来世界如何安身立命？如何更好地生存？

教育应该让人有机会认识到自己的天赋。最好的教育是帮助孩子成为他自己，帮助孩子和那些最美好的东西相遇，发现并发展他的天赋。

TED演讲中教育类排名第一的是《让天赋自由》。

每个孩子都有天赋，但穷其一生，太多的人都没有发现自己的天赋，更谈不上发挥了自己的天赋。这可能是过往和当下的最大浪费。

孩童时代，让孩子多接触文化课以外的各种领域，其实就是多埋下一颗颗诱发天赋的种子，让孩子未来的成长多一些可能性。

人生而"趋利避害"。做喜欢的事情，时光苦短，觉得是生命的享受；不喜欢，则度日如年，觉得是生命的折磨。

成人世界有责任让孩子多感受学习的心流状态，在自己真正喜欢的领域努力做到最好，并将这种积极的体验延续到其他学习中。

让学生尽量摆脱学习内卷，加强对自身价值的探寻，加强自我生命力量感和控制感的体验练习，以此产生自我激励与自我效能，是教育需要不断努力的方向。

清华大学物理系原系主任朱邦芬先生认为，好学生并不是老师教出来的，而是自己从地里长出来的，老师要做的就是在地里面浇点水，让地晒点太阳。

人类社会的发展并不是机械的过程，而是一个有机的过程。我们无法预测孩子的发展，但我们能做的是像农民那样为孩子的发展创造适当的土壤和环境。

教育中的快餐化、工业化思维是孩子天赋和兴趣的大敌。这种批量生产"工具人"的模式，因第一次工业革命而起。可以说，这类教育思维在当下依然很有市场，只问分数，不问健康、不问兴趣的现象比比皆是。所谓的"提升一分，干掉千人""只要学不死，就往死里学"的变态性口号就是这类教育思维的极端表现。当学生正常的休息、娱乐和锻炼时间被侵占，就意味着学习兴趣被破坏，智力天赋被扼杀，身心健康受损害，极端的会抑郁，乃至走上不归路。

苏霍姆林斯基在上世纪初就已经意识到：教育学不是技术学，而是人类学，是研究人如何更好成长的学问。

蔡元培在谈及学生教育时更是提出"教育如农学家之于植物焉，干则灌溉之，弱则支持之，畏寒则置之温室，需食则资以肥料，好光则复以有色之玻璃"。

作为成人世界的代表，教师需努力理解学生的兴趣特长、过往经历、认知风格及发展的可能性，不断增加理解学生成长基因与"脉象"的专业素养。

在第四次工业革命技术革新风起云涌的当下，为个体赋能，为天赋赋能，让想象力、创造力、幸福力得到全面张扬，是我们人类在教育领域应对人工智能挑战的必然选择。

这同时也意味着课堂的转型面临着重大的挑战：如何为每一个学生的天赋与未来注入持续的学习兴趣和澎湃的生命激情？

让学生拥有智力尊严

我们的课堂长期面临虚假学习、夹生学习、孤立学习三大困境。

首先是虚假学习。具体表现在：看上去在学习，但其实是假装学习；努力地配合老师的教学，把老师讲的作为唯一重要的，比如勤记笔记，但很少主动回答或质疑。

其次是夹生学习。具体表现在：以为学过就是学会；对与考试无关的学习内容缺少兴趣；对知识间内在联系没有敏感；对知识的问题解决和情景运用没有自觉；缺少学习的策略。

再次是孤立学习。具体体现在：只关注答案和成绩，认为自己的成绩是唯一重要的事；认为同伴和自己在学习上是高度的竞争关系；课堂上难以表现"对话、合作"等社会性技能。

我和不少老师交流过这些问题。老师们其实都明白存在的问题，但又都很无奈。固定的课堂时间，高密度、大容量的教学内容，就意味着只能紧锣密鼓地"赶着"学生往前走。一旦在某个节点慢几步，就会影响整堂课、整个单元，甚至整个学期。如果到时教材没有教完，这可能就不是一般的教学事故了。

于是为了在规定时间内达到知识的量，我们的课堂集体默认了"教过就等于学会"。这其实是一种"掩耳盗铃"的逻辑。而当在作业、考试中发现学生难以在陌生情境中迁移运用知识时，便去责怪学生的学习态度问题，比如上课没有专心听讲，题目练得太少等，唯独没有想到课堂需要深度学习，需要"以少求多，以慢求快"的辩证思维。

知识是育人的工具，教材是育人的媒介，这其实是朴素的教育常识。

比如作业练习，一个知识点可以变为上千种题型，但我们没有必要把上千种题型全部试做一遍。特别是不加甄别地大量刷试卷，其实扼杀的就是学生的智力尊严和学科好奇心。分数可能暂时提高了一些，但人的可持续的能动性枯萎了。

比如课堂中我们习惯采用的"钓鱼式教学"，教师的所有提问，只是为了获得一个正确答案。只要有一个学生说出了想要的答案，教师就"丝滑"地进入下一个教学环节。

近几年我开始意识到上述问题的严重性。一位学生的思考，真的可以代表所有同伴的思考吗？听了他的思考，其他同学就一定学会了吗？

当学习的结果呈现出短时记忆和脆弱性时，反复练习、题海战术、超额补课就发生了。

帕尔默曾经描述："把琐碎的资料点点滴入学生的血管中，推着他们麻木昏睡的躯体，从一种信息源到下一种信息源，直到预定的程序结束。"

当所有的学生在同样的知识内容上进行熟练度的竞争时，事实上学习就异化成了只与所谓的考试成绩有关，而与智力、心灵和精神发展无关的行为。

随着进入大学或者社会，我们就会看到当外部强加的控制和压力消失后，有些学生就会陷入学习的意义感迷茫。年级越高，越有大量的孩子失去学习的能动性，失去自主创造和运用知识解决问题的能力。

"减负提质"是深度学习的应有之义。这也是今天新一轮课改寻求突破的困境。

学科知识只是载体和工具。强记知识，会增加不必要的认知负荷。

课堂不仅要减轻学生的外部认知负荷，同时还要管控内部认知负荷。在外部认知负荷确定的情况下，选择、组织和整合学习内容，强化新旧知识的纵向联系，以及强化不同领域知识的横向联系，就显得尤为重要。

我曾经在一篇长文中对课堂深度学习进行过自己的定义：课堂的深度学习是围绕学习本身，统整、优化学习的相关要素，追求学习内容精准、学习关系安全、学习思维高阶、学习结果强黏性的一种学习状态和过程。深度学习追求学生在学习中的深度卷入，追求学习内容与学生生命处境的深度联系。

我们比任何时候都需要清醒地认识到课堂育人、学科育人的国家要求。

新一轮的课改已经鲜明地提出"指向学生的核心素养发展"。以义务段的语文为例，提出了"文化自信、语言运用、思维能力、审美创造"的四大核心素养。这四者相互独立，又密切关联。其中思维能力是智力水平的核心体现。义务段语文新课标对"思维能力"这一维度这样描述：

思维能力是指学生在语文学习过程中的联想想象、分析比较、归纳判断等认知表现，主要包括直觉思维、形象思维、逻辑思维、辩证思维和创造思维。思维具有一定的敏捷性、灵活性、深刻性、独创性、批判性。有好奇心、求知欲，崇尚真知，勇于探索创新，养成积极思考的习惯。

显然，其中的高阶思维品质不是那些知识本位、课时本位、学科本位、考试本位的语文课堂能够培育的。

学生不是学习的机器，不是考试的机器，不是分数单，不是录取通知书，而是一个个有着智力尊严的精神宇宙。学习、考试、分数和录取通知书，只有能够促进学生的身心健康和智力尊严时，才会有教育学上良善的意义。

在我写作这篇小文的时候，生成式人工智能 ChatGPT 已经风靡全球，人类的学习观正面临着重塑的境地。我们面临的已经不是知识是否过时的问题，而是人工智能正在成为人类的辅助大脑，随时为你提供最新的知识，甚至替你完成写作和设计。它能在与你的互动中洞察你的意图，洞察你的思维习惯，更厉害的是它正在被全世界最鲜活的海量数据"喂养"，每时每刻都在学习、迭代、升级。可以说，人类最赖以自傲的复杂思维能力因ChatGPT 的到来正在受到前所未有的挑战。

当 AI 成为趋势，我们必须反思学生的学习的终极意义，在我看来，那就是更先进的思维方式、好奇心和感知人之为人的幸福能力。

课堂教学活动是一个复杂系统，任何"单点突破"，都不能真正地让学生拥有智力尊严。课堂的深度学习的架构与迭代必须依赖"多点协同"，但其基础一定是源自教师的人文关怀和教育智慧。

让每一个学生成为心智自由的学习者，让每一个学生在课堂中拥有智力尊严。如此，人类才可能不被未来"奴役"。

让课堂多一些接受和悲悯

只要有过一段时间的教育现场经历，就会有一个最基本的认知：教育不是妙笔生花下的美好浪漫。教育与其他真实的社会行业一样，充满着复杂性和挑战性。摸爬滚打、见招拆招、精疲力竭，这些都是常态。

我有一位学员有一次在朋友圈吐槽：爱可爱的孩子轻而易举，爱屡屡伤害你的那个孩子，真的需要有上帝一样的胸襟。

我非常理解这位学员的感受。每一所学校，甚至每一个班级，总会有一些比较极端的"问题学生"。

无论谁，在现实的泥泞面前，都会有无力感。但教育是解决现实世界问题的重要支点，教师需要选择无论何时都对学生保持朴素的信任。无论学生目前多么糟糕，我们首先要理解到他问题背后的那个世界，对他的未来始终抱有希望、信任，坚信生命向好、向善的可能性。

佐藤学在《教师花传书》中认为：教师的工作从接受开始。我在日常的教研工作中也深深感受到教师完整接受学生的重要性。

如果教师只接受自己喜欢、自己期望的学生，无疑是没法进行高品质的班级教育和课堂教学的。教师作为教育专家，标志之一就是从接受每一位儿童背后的家庭和社会问题做起，这是真正的教育实践的起点。

如果教师在课堂中只愿意听到自己想要的学生回答，对其他发生偏差的表达视而不见或者轻慢对待，那么有些学生就会努力迎合教师的想法，更多的学生则会从心理上疏离课堂的学习场，成为旁观者和"沉默的大多数"。

教师面对学生，如果没有接受的胸襟和智慧，教育就永远不会开始。

真正好的教育世界永远不缺体贴和善意。历史上每一位大教育家都有着同一种精神底色：悲悯而永怀希望。

这让我突然想起小学二年级语文课本中的一篇课文——《浅水洼里的小鱼》：

清晨，我来到海边散步。走着走着，我发现在沙滩的浅水洼里，有许多小鱼。它们被困在水洼里，回不了大海了。被困的小鱼，也许有几百条，甚至有几千条。用不了多久，浅水洼里的水就会被沙粒吸干，被太阳蒸干。这些小鱼都会干死。

我继续朝前走着，忽然看见前面有一个小男孩。他走得很慢，不停地在每个水洼前弯下腰去，捡起里面的小鱼，用力地把它们扔回大海。

看了一会儿，我忍不住走过去对小男孩说："水洼里有成百上千条小鱼，你是捡不完的。"

"我知道。"小男孩头也不抬地回答。

"那你为什么还在捡？谁在乎呢？"

"这条小鱼在乎！"男孩一边回答，一边捡起一条鱼扔进大海。他不停地捡鱼扔鱼，不停地叨念着："这条在乎，这条也在乎！还有这一条、这一条、这一条……"

这篇小文有大智慧啊！这说的不就是人类伟大的悲悯心吗？这不就是在说我们老师应如何面对各式各样的"问题学生"吗？这样的文章，与其说是在教育学生，不如说是在唤醒我们老师心中悲悯的教育之花。

一次去医院，进了电梯，抬头看到：有时去治愈，常常去帮助，总是去安慰。

这三句话有大智慧，可以说洞开了医生这个伟大行业的全部秘密和价值。每个人都期待药到病除，但真相是凡人总有一死，总有医学无法拯救的疑难病症和自然衰亡。

作为一名教育工作者，我自然地联想到教育工作的现场。教师和医生都是面对人的职业，不同的是医生面对人的身体生理，而教师更多面对的是人的认知和精神世界。

如果说教师职业其实也蕴含着医生的角色，那可能主要体现在对"问题学生"的矫治和拯救。俗语说，幸福的家庭是相似的，不幸的家庭却各有各的不同。我套用一下这句俗语：优秀的学生是相似的，但是"问题学生"的成因却各有各的不同。

作为一名普通教师，我们曾经被"没有教不好的学生，只有不会教的老师"这样的格言反复教育。但因为对于"好"的内涵模糊不清，以至于这样的句子常被老师们"反感"。

如果这样的"好"只局限于学业成绩，那么"没有教不好的学生，只有不会教的老师"这句话是反常识的。

老师是人而不是神。现实中哪怕是这个世界上最厉害的老师，他也会有力不能及的学生。从这个意义上说，这样句子首先不应该成为对老师的道德绑架，特别是成为权力者训诫他人的警句。

但如果这样的"好"首先来自学生学校生活和课堂学习的意义感和情绪价值，能够见到自己努力之后哪怕最微小的进步，那这样的"好"则是每位老师都应当努力为之的。正如医生"常常安慰"的力量，可能无力回天，但因为其中的温情和善意，其意义无法取代。

从这个维度理解，"没有教不好的学生，只有不会教的老师"这样的句子应该成为老师努力精进的开示，就如那位小男孩，竭尽全力，先从自身寻找问题和解决的方案。哪怕是最微小的进步，也值得持续努力！

斯宾塞在《教育论》中说：野蛮产生野蛮，仁爱产生仁爱，这就是真理。待儿童没有同情，他们就没有同情；而以应有的友情对待他们就是一个培养他们友情的手段。

今天成人世界对学生多一点悲悯和帮扶，他未来就会对世界多一些热爱和宽容。反之亦然！

追求"更细颗粒度"的课堂

从某种意义上说，学习就是一种登攀，唯有经历完整、有效的历程才能抵达期望的目的地。但学习之所以称为"学习"，就是因为其具有一定的挑战性，以及与之相随的困难、缓慢和曲折。

学生在课堂学习过程中遇到了困难，就会以显性和隐性的方式发出求救信号。显性的求救信息如课堂发言的质量和音量、作业的表现等，隐性的求救信息则更多地表现为其身体呈现的缄默语言，如眼睛无神、注意力涣散等。但教师往往没有能力发现，或者简单归因为学习不认真。

不可否认，在以完成预设的教学任务为主要取向的课堂里，学生大量的学习困境事实上难以得到教师的及时回应和支持。由于学习者学习力的差异，这类困境甚至可能会得到来自教师和同学的负面反馈，以致进一步加剧了这一类学生的学习困境。

另一种课堂的"粗糙感"则来自浅表性学习的大面积存在。浅表学习以机械记忆和反复操练为主，缺少深度思维加工，是一种以完成外在任务、避免惩罚为取向的学习行为。因此其学习成果以复制为主，难以实现在陌生化情境的"高通路迁移"。

笔者在一线的观察调研中，深感处于浅表学习的学生如同一台知识"复印机"。

比如百分百按老师的指令行事，老师讲的都认认真真地记录下来。即使老师讲错了，也不会质疑。遇到有一定挑战的、相对复杂的问题，不愿意去进一步思考，更多的是等待其他人或者老师给出现成的答案。在课外，则是通过搜题软件寻找答案。虽然看似完成了学习任务，但却知其然而不知其所以然。

这样的"乖"学生应当引起我们的关注与反思。

这样的"上课记笔记、考前背笔记、考后全忘记"的浅表学习的孩子可能一时是老师眼中的学优生，但随着年级的不断提高，因为学习的联系和迁移能力的不足，会慢慢地沦为学困生。

写到这里，我突然就想到去入学不久的一年级班里听课，常能听到孩子们无所顾忌的天真笑声。一点点的课堂插曲，都能让孩子快乐一阵。

从天真快乐的孩子到厌学者，出现这样的问题，无疑与课堂教学和学业评价的偏差有重大关联。

相对于有学习力的成人而言，学生的认知能力和思维水平尚处于稚嫩阶段，特别是小学生，他们很难真正通过自身的力量在现实中解决学习中的问题。

在日复一日的学习中，一部分学生渐渐因不理解新知而完不成学习任务，完不成学习任务则导致外部的负面评价，他们逐渐失去信心，逐渐自我放弃，并在不得不面对的每天的课堂学习中开始逃避学习，其中很大一部分这样的学生是通过"伪装"自己认真学习的样子来蒙蔽老师的。

学生的学习需要教师全域支持，这与培养学生成为可持续、可迭代的自我学习者并不矛盾。

现实是我们的课堂太粗糙了，这样的粗糙首先是缺乏对学习困难者、困惑者相对精确的学力支持和道义支持。

比如笔者曾经和老师们多次分析过小学语文《圆明园的毁灭》的一个课堂片段：

师：课文题目是"圆明园的毁灭"，作者为什么用那么多笔墨写圆明园昔日的辉煌？是不是偏题了？

生：不是。

生：是衬托。

师：掌声送给他，前面越是辉煌，后面的毁灭就越——

生：痛心。

师：鲁迅也说过类似的一句话，齐读。

生："悲剧就是把美好的东西打碎给人看。"

师：圆明园被毁是什么的悲剧呢？请大家看一看手上的材料，小组讨论。

这个片段来自一位小学语文特级教师的课堂实录。我相信只要是有一定表现力的教师，上述这样的教学历程，一定会有不错的舞台课效果。

但课堂情绪再热烈，这仍是典型的"夹生学习"。看似环环紧扣，严密合缝，本质上却是思维驱赶，亦步亦趋。整个学习活动看似面面俱到，实则是浮光掠影。

且不说全班学生是否对于"衬托"这一语文概念的思维网络有了解和把握，即使是那位看似回答正确的孩子，下次遇上类似的文本，也未必能再作出类似的判断。

概念学习的重点在于把握概念底部的思维网络，如此概念才会成为学习者有黏性的知识，才会在陌生、复杂运用情境中实现迁移。这是深度学习的成功标志。

课堂教学需要在核心概念和关键知识学习上实现闭环，才能使其在学生的认知系统中更好地实现转化和建构。

比如老师可以针对学生的回答加以追问：老师不太明白，你来说说看，你为什么认为这是"衬托"呢？通过把问题抛还给学生，倒逼学生结合文本语境进一步思维，然后通过语言表达来外化这一思维历程。

根据我的经验，老师的追问对于这个年龄段的孩子来说，大概率会是一个处于"学习区"的问题。

但正如佐藤学在《静悄悄的革命》中所言：学生踌躇不定没有把握的发言价值巨大，孕育着微妙、不确定、暧昧模糊的思考。

深度学习的课堂追求的就是学生这样的回答。由吞吞吐吐、语焉不详、断断续续到逐渐连贯、清晰、确定，这就是好的学习历程！

课堂的全部奥秘就在于不断引领学生摆脱"舒适区"，不断靠近抵达"学习区"。

我们要相信每个学生都有与生俱来的学习本能。我们要努力地看到每一个学生学习的力量，同时让每个孩子看到自己的学习力量。学习的意义感由此而得到充盈！

在我看来，这就是颗粒度更细的课堂，能够更加清晰、准确、有力地支持每一个学生成长的课堂。

课堂改进中的互联网思维

听到一个新概念——"国民总时间"，其意思是说这世界上所有人的时间加起来后，总量是相对恒定的。作为普通人，生活在网络时代，我们越来越感觉到，网络在塑造世界的同时，还在穷尽各种办法争夺你我的时间。

今天任何一项网络技术产品要能够活下来，或者说变现，其秘密就是用户第一的法则。当用户的需求被精准洞见，体验足够好的时候，技术就会产生巨大的黏性。ChatGPT 两个月内用户突破一亿就是最好的例子。

技术开发者的原点思维是用户需要什么，如何切中所服务的消费对象的痛点，如何让产品具有黏性，然后才会有功能和界面的设计与改进，才会有想象中的技术转化为现实世界中的产品。

可以说这就是互联网时代的最为基础的产品思维。

由此我想到课堂深度学习建设中也需要借鉴这样的互联网思维，以帮助我们更好地理解课堂的运行逻辑和基本伦理。

课堂是师生共同创造的。但教师作为课堂的第一责任人，是课堂的组织者，更像是供方。

如果说课堂是一款产品，那么学生就是其中的用户。现实世界中的好产品都意味着极致打造和交付感。

课堂的交付感就是要让学生有更好的学习体验，使其得到智力的砥砺、跃升，以及学习的酣畅感。

而要让课堂有交付感，首先需要高度集约、朝向精准的设计思维，以及用最少的外在资源和负荷去完成课堂最优化运行的意识。

比如课堂中如何用最少的时间，用最少的题量，去实现一个知识点的教学？知识点与知识点之间，题目与题目之间，环节与环节之间，如何相互支持、相互渗透，在一体化设计中协助学生实现学习的登攀与挑战？

比如课堂中教师如何"减少指令"，精讲述多观察，减少非学习的认知干扰，让学习历程尽可能地连贯，尽可能地培育和延长学生学习的专注力？

从这样的角度讲，集约思维就是要实现课堂"少即是多"的战略。

集约思维是一种通用性思维。现实世界中任何一款好的产品，如果去拆解分析，你就会发现其实就是各种先进理念、先进技术的反复折叠与优化。

互联网世界中的爆款产品，更是将集约思维极致化，在不断地交付中通过算法不断地打磨、进化，不断地解决用户的痛点。可以说，非极致化在互联网世界中根本无法吸引人群。

你看任何一款软件，隔一段时间就要升级，就要打补丁。这其实就是对产品的迭代升级。

联系到课堂，凡是业内被津津乐道的经典课例，无一不是执教者反复研磨、不断完善的结果。

"玉不琢，不成器"，课堂需要时时反思、时时打磨、持续微雕。从这个意义上来说，教师的确需要一些"匠人精神"！

课堂中的互联网思维还意味着课堂是众筹的。最受欢迎的互联网产品，其基本认知结构一定会呈现出对用户的友好和召唤，它的不断升级和完善首先来自用户的无门槛参与和即时反馈所产生的数据众筹。微信、抖音、小红书、ChatGPT，与用户的黏合度越高，就意味着它升级的完美度越高。

教师的每一次课堂教学，也必须追求学生学习的黏合度，在每一位学生的学习中看到课堂改进的方向、路径和契机。这不仅是尽力保障每一个孩子公平而有质量的学习权，更是在成就教师职业生涯中独一无二的课堂作品。

凡是顶尖的名师，都有独特的个人课堂魅力。

好的产品还需要品牌，需要辨识度。对于课堂来说，这样的辨识度来自教师个人的学识、涵养与学术追求，来自他独特的专业性。

考察名师的课，你首先会发现他们对课堂的全力以赴，努力把"每一壶水都烧开"。真正的名师不会被非课堂因素干扰。他们的课堂不见得每一次都会十分出彩，但无论是在哪个班级上课，他们的课堂质量都会呈现出较高的稳定性。这其实是任何一个好产品最重要的底色。

一位产品战略师说："不要告诉我你想干什么。你得告诉我：你的用户是谁？你为他提供的产品是什么？他真的需要吗？"

在现实世界，一件工作，有了具体而真实的用户，其实就已经蕴含了无限的、可供迭代的空间。

我想，这就是互联网世界对我们课堂世界的宝贵启示。

"双减"背景下的课堂使命

《关于进一步减轻义务教育阶段学生作业负担和校外培训负担的意见》明确指出：大力提升教育教学质量，确保学生在校内学足学好。

课堂是学校教育的主阵地，可以说，"学足学好"已经成为"双减"背景下课堂的时代使命。

原来我们讨论课堂，主要围绕着"教师教什么""怎样教""为什么教"展开。但今天，衡量教师课堂实践的业绩，无疑应该围绕着学生"有没有学会""学会了什么""何以学会"等维度进行考量和审视。

从这个意义上说，教是课堂的表层和外力，学生的学才是课堂的存在本质。

近年来，我们一直在呼吁"课堂应该以学习为中心""教师要努力成为学生学习的研究专家""课堂改革和转型要严格遵循的是'学生如何学，会更好'的逻辑"等课堂深度学习的观念。

但观念是形而上的，是复杂现实的折叠和提纯。当观念成为共识之后，我们就需要寻找和设计各种路径与支架，以帮助深度学习观念在课堂现实中的落地和转化。比如：如何改造以知识传递为取向的教学设计？如何以本班学生学的历程来思考、设计课堂学习活动？

医院因患者需要健康而存在。课堂因学生需要学习而存在。医生写处方或病历从来不写医师自己要做什么，而是写患者要做什么。但翻阅我们教师的教学设计，习惯性写的是教师要做什么，有意无意地在坚持教师立场、知识立场和考试立场，而对以学生的立场去关注学生应学会什么、如何学会、学到怎样的程度等课堂关键要素考虑甚少。

比如以下教师撰写教学设计中存在的问题：

一是目标主语的错位。比如"教学目标"的主语是教师，而不是学生。经常看到目标里出现"让学生怎样，培养学生怎样"等语句。"教学目标"的本质是"学习目标"。我个人的建议是我们要取消"教学目标"的说法，以"学习目标"代之。教学活动和学习评价应当围绕"学习目标"展开，这三者应当形成闭环，为"学足学好"提供基础性保障。

二是"重难点"理解的模糊。对于教学中的重难点，教师习惯于照搬教学参考书的笼统表述。有过课堂教学经历的老师都很清楚，一个班级的学生，按照可量化的学习能力（如考试成绩），至少有上、中、下三类不同学力的学生。如果就具体的认知风格、学习经验、学习禀赋等个体学习因素而言，则每个人各不相同。教学参考书中所呈现的重难点，是一般意义上的应然，是相对模糊和泛化的，事实上很难精确针对具体的班级，更遑论具体的学生。对具体班级的具体课堂来说，学习重难点的分析和理解，更多的是一种实然，是对于学生在课堂中能否"学足学好"最为基础的保障。

三是过程设计主要遵循的是教的逻辑。笔者阅读过各个层次、多门学科教师的教学设计，也就此问题访谈过不少教师。如何在规定时间内能够顺利、安全地完成规定内容的教学，是许多教师进行教学设计的主要考量。在这样的设计思维指引下，教学设计主要陈述的是教师在课堂中如何做，比较多地去关注如何提问、如何小结、如何板书、如何过渡、如何设计作业，比较少地去关注和预测学生遇到这样的学习任务会有哪些反应，比较少地研究学生事实上应该做什么，做到什么样的程度，更少琢磨学了以后能理解什么，能做什么。

多年的教学经验和事实告诉我们：教过不等于学过，学过不等于学会。这是课堂工作复杂而艰巨的挑战。

作为一位有专业理性的教师，必须承认班级授课制中的课堂，教师的"教"与具体学生的"学"存在着天然的矛盾。对于一个具体班级的学生来说，学习是艰难的、缓慢的、各有差异的，是需要反复作用的。而课堂中教师的"教"则习惯于内容压缩、过程快速、追求标准。

在过去较长的一段时间里，我们的课堂评论话语体系时常把学习内容的大容量、高密度作为一堂好课的标准之一，把课堂的"行云流水""对答如流"作为教师高妙的教学艺术，以至于我们对公开课的观摩学习过多掺杂了看舞台表演的观众心理。

"教"需与"学"同频共振。这需要事先的预测和设计，更需要现场的生成和调参。所有这些，都源自教师对于教育本质和课堂存在的理解与敬畏。

作为课堂设计者，教师还需要多一点上游思维：教是为了不教。

我一直认为：今天教师的所有努力，都应当是为了培养学生成为自主创造、自我迭代的终身学习者。教师的教如果不是为了培育学生的可持续的自我学习能力，就算天天考满分，也总会有"熄火"的一天。

另外，作为课堂学习活动的设计师，教师还必须认真思考：对于学习的追求，"考出高分"和对学习本身的感觉哪一个更重要？

我曾读到一位专家打的一个比方：如果执着于站在第一名的领奖台上，那么游泳时想得更多的是可以成功的步骤；但如果喜欢的是游泳本身，那么游泳时感受的可能是身体和水接触的感觉，人在水下奇妙的变化，调动身体肌肉拨开水面的触感，头脑中想的是更纯粹的身体姿态的细节。

在漫长的人生中，前者与后者比，无疑后者会更有持续能力。任何领域的顶级高手，都首先源自于内心认同和心灵完整。

考察人类历史上那些推动科学、文化进步的杰出人物，我们经常会发现一个普遍的法则，那就是他们生命和志业的高度融合。在一个崇高目标的指引下，他们高度享受看似艰辛的探索之旅。那些影响后世、看似璀璨的成果，在他们看来，不过是这段旅程的副产品。

在课堂亟须"学足学好"的时代，教师的课堂学习设计思维也要随之迭代，随之升级。在我的理解里，"学生如何学，会更好"，无论何时都是教师进行课堂学习活动设计的底层逻辑！这样的好，集中体现在让学生发自内心地热爱学习，这是课堂的终极命题，也是教师一切教学行为的第一法则！

如果底层逻辑不确立，再多的课堂花样，再多的课堂前缀词汇，都将面临"穿着新鞋走老路"的困境。

第二章

改进课堂的学习内容

CHAPTER 2

第三章

优化课堂的学习历程

深度学习视域中的学科知识观

面对人工智能时代的到来，以及可以预见的发展趋势，谁都不会否认，防止未来"人像机器一样思考"，防止人的学习可以被"芯片植入"替代，防止人成为"工具人"，已成为人类社会面临的巨大挑战。

在愚昧迷茫的时代，知识稀缺。尤其是人类认识世界刚刚起步时，知识的确就是改变世界、改变自我的力量。

但在今天，特别是随着互联网到来的这些年，知识的丰富、复杂前所未有。知识因为有了网络的助力，一面迅速生产传播，一面迅速过时湮没。我们已经处在一个被日新月异的知识包围的世界。

作为深度嵌入社会的教育，提倡深度学习，重新发现各类知识（包括学科经典知识）的意义，为知识赋能，是时代大潮在课堂变革中的必然回响。

现在我们更愿意把那些如恒河之沙的、孤立的、被用来存储和知道的知识叫作信息。深度学习视域中的知识应是有力量、会生长的知识，它应当能够改变学生的思维与行为方式。

比如，未来一定会有大量的工作，特别是重复性的工作交给机器来完成。当孩子的竞争对象是机器时，我们必须思考有哪些知识、能力或素养机器无法取代。相信个体的人文素养和审美能力在人工智能时代必然将被提升到一个新的高度。

比如，面对一个已经被充分提炼、简洁确定的学科定理或原理时，深度学习视域中的学习可能就不再是停留于记忆和运用，可能还需要绕到学科定理的背后，通过创设情境，带领学生去经历定理被发现的原始过程。

所有书本上的学科知识都是公共的、规范的。教材知识的教学价值必须通过深度学习才能最大限度地获得。具体地说，就是引导学生各自进入深度学习的旅程，让教材知识充分实现个性化的转化与发展。

要让学生在未来持续保持与人工智能的竞争力。知识必须转化为人的素养，转化为思维方式，而不是停留在知道的信息。

在传统的课堂里，我们总觉得知识高高在上，它左右着师生的关系，于是就有了"一桶水"与"一杯水"这样的隐喻。尊重知识并不意味着学习者思维的匍匐。相反，在深度学习的视域里，尊重知识最好的方式是平视，是挑战，是创造性转化与创新性发展。

佐藤学认为好的课堂学习就是"三重对话"：

第一重对话，是与作为教育内容的对象世界的接触与对话。

第二重对话，是与在学习过程中生成的其他学生的或教师的认识的接触与对话。

第三重对话，是与新的自我的接触与对话。

学科知识是客观存在的。但作为"三重对话"的介质与载体，教材中的学科知识是公共的、静态的，它只有在对话、互动中，才能重构、生成为学生能理解、能运用的个人化知识。

从课堂学习看，知识转化为素养，最重要的思维桥梁就是不断寻找知识底部的内在联系。

万物虽各有所殊，但实质是万物互为关联，互为依存。万物一体，是一种伟大的哲学智慧。

知识的意义会随着这样的联系、扩展而生长。以基于生活现象的跨学科学习为例，其教学就是运用跨学科知识，回应现实问题，在真实的复杂性情境中，尝试解决学生身边的真实、富有挑战性的问题。

如笔者曾读到《低碳生活》一课的介绍：语文老师引领学生读文本，运用图文和视频结合的阅读方式，引导学生从中捕捉关键信息，从多方面有理有据地说明导致温室效应产生的几种行为。科学老师借助 iPad 上的相关软件，计算每个家庭一周衣、食、行的碳足迹，通过真实数据感受低碳生活的迫切性。美术老师指导学生用废弃物制作小工艺品，将"废旧物品再利用"由意识变成具体行为。

这样以任务为驱动，整合多学科知识，首先在课程内容层面破解了当前学科教学过程中知识过于单一、表层的倾向。不是直接给学生知识，而是追求调动学生内在的创造力和学习欲望，让其学习经验再造升级。让合作、联系、反思等学习素养在知识的认知、运用中得到锤炼和提升。

通过统整的力量让学科知识"变现"，促进学生从多维度对各学科知识的理解和运用的学习内容改革，这是深度学习在课程内容层面探索的重要方向。

如此，知识才不会沦为"沙漠"，才不会有虽面对万千知识"沙砾"，却无法建筑、无法衍生、无法生长的困境。

联系和融通，是人类最重要的思维方式，是促成学习发展的重要内在机制。好的学科知识应是一粒有待发育的种子，无论是认知还是精神。

充分的鲜活度、充分的关联度、充分的深广度，以及知识获得后强烈的黏性和生长力，这就是我所理解的深度学习的学科知识观。

面向未来的学习内容设计

——以语文学科为例

教育问题的本质是社会问题。世界已进入第四次工业革命时代，教育作为深度嵌入社会的子系统，一样面临着迭代与演化。语文课程的内容和学习方式、价值追求一样需要与时代共舞，衍生出新的内涵。

从语文学习内容上看，除了听、说、读、写等基本语文能力的培养，未来的语文学科的边疆会进一步拓展，学科与学科的边界会进一步软化。学习内容会以语文的方式更进一步回应社会和生活的需求以及发展趋势。

以阅读与写作为例，资讯信息类读写与文学类读写的比重将会进一步持平。"语文等同文学"的传统语文教学思维将会进一步式微。

"语文不是目的，学生才是目的"的语文教育思想将越来越成为学界和老师们的共识。语文教学"不要荒了自己的田，肥了人家的田"的学科沙文主义将会成为历史化石。

"语文＋"的课程内容将会以项目学习、主题学习等各种方式更多地出现。

语文源于真实的生活和世界。生活和世界的时空，从来都是复杂而一体的。分科学习让人专业，而跨学科让人变得更完整。语文作为学科系统中的奠基性学科，既有其独当之任，又是学生进一步学习其他基础学科的工具性学科。

所有的学科，都是人类认识世界的伟大事物。承担"以文化人"功能的语文学科，更是散发着独特的、迷人的巨大魅力。

探索语文学习改进的全部秘密就在于让学生热爱语文、学好语文。

长期以来，我们语文课堂研究的兴趣一直聚焦于"技"的改进，尚缺乏完整的教育学观照。对于语文学习中学生"被动中的能动性"研究陷入"结构性沉默"。

从语文学习的意义看，未来语文教育将会更关注个人语文学习的完整意义，包括语文素养获取过程中的个人意义，以及学习关系中个人的存在意义。

语文学习不要让学生失去了自己的声音。以阅读文学作品为例，既要让学生关注到文本的价值取向和阐释边界，又要让学生敢于表达独特体验、抒发真情实感。

课堂的学习内容如果限制学生思维的自由，那么知识就会黯淡无光，真理就会言不由衷！

迪尔凯姆说：教育是个体社会化的过程。

与通过粗颗粒度的知识平移、反复训练、标准化教学及评估、批量生产合格工人的教育方式相比，我坚信未来语文课堂中对学生的关注会越来越具体、越来越精准。

简单地说，语文教学活动的颗粒度越细，语文作为人学的意义就会更加彰显。

叶澜教授在《静默的汹涌》一文里写道："教育不能缺失真实人生中的真实人际交往……教育不能缺失真实的活动……教育之伟力远远不止于知识与技能的传递，而在于个体生命精神力量之成长；在于有更强大的内心，能面对复杂多变的现实世界；在于有更清醒的生命自觉，成为自己人生小船的船长，从航线的制订，到暗礁的绕过、风浪的战胜，都要自主、亲历。"

人工智能时代，当知识与能力可能会通过技术手段轻易获得的时候，语文的工具性功能就会受到前所未有的挑战，让学生在语文特别是其中的文学领域感受到人之为人的高贵就会成为语文教育更应凸显的价值。

当物质极大丰富、当信息交互极度便捷、当未来以想象不到的速度迅速成为过去，人作为人的意义更有陷入虚无的危险，文学特别是文学的审美功能就会成为人类社会狂飙突进的必要刹车，"审美创造"作为语文核心素养的价值就会进一步凸显。

世界是时间与空间交织的迷宫，你能看见什么风景，完全取决于你的审美力。审美力其实是你对世间万事万物抒情和共鸣的能力。

"生活不止眼前的苟且，还有诗和远方的田野。"作为成年人，我们深知真实世界的远方一样充满泥泞，更确切地说，我们是厌烦了眼前的"苟且"。

语文课程的审美素养培育，其实就是要让学生有敏锐的感受力，感受到真实生活附近的诗意和神奇。

很早以前我写过一句话：语文教师要有路边遇到一丛野菊花怦然心动的情怀。

审美素养，不仅是抒情的能力，更是学生在这个复杂、庸常世界中真正的幸福力。

让学生在语文学习中有更丰富的人性、有更强大的感知美好和创造美好的能力，会成为未来语文教育的永恒追求。

学习内容设计中的学情思维

在我看来，对于具体的班级和学生来说，合适的学习内容主要取决于教材与学情，也就是我们常说的"吃透两头"。

教材是我们学习内容设计的主要凭借。特别是 2022 年 4 月，义务段课程方案及各门学科的课程标准颁布以来，更让我们看到了研究课标、用好教材、转换教学思维的重要性。

教师作为学生学习的设计师，要清醒地知道，教材内容再好，也并不完全等同于当下具体学生的学习内容。尽管教材的编写一定是尽最大可能考虑了学科逻辑与学生学习逻辑的结合，但请注意，这里的学习逻辑指向的是本年龄段孩子学科学习的公共学情。一线教师的具体教学，还必须考虑具体学生的具体学情。

如何运用班级学生的学情，让学习内容靠近学生的"学习区"，点燃学生的积极思维，为学生的深度学习助力，是课堂深度学习建设中的关键点。

按照我们的经验，班级整体学情的判断应以中等略微偏下的学生作为基点。以这部分学生的学情作为学习设计的起点，能最大限度地保障全班多数同学的学习利益，然后在这一基础上再兼顾特殊个体的相关学情。

我们曾经以为"小手如林"是小学阶段好课的核心表征，是学生踊跃参与课堂学习的直接证据。但在今天，如果见到这样大面积的、一问即答的课堂场景，我首先想到的是老师提问的"碎"与"浅"。当问题的思维含量过低时，学习就会停留于学生认知的"舒适区"。这类提问，小学一二年级的小朋友可能会踊跃参与，但随着年级的升高，学生会因为长期沉浸在低层次的学习任务中而越来越缺乏参与的兴趣，直接导致一部分学生思维系统关闭。

在我看来，学习之所以被称为"学习"，就是因为学习是在外部新知的冲击下，打破个体原有的认知平衡，在失衡中融合外部新知，重构更高阶的认知平衡的过程。

学习是天然具有摆脱"舒适区"后的"危险性"和"挑战性"的。

真实世界的学习从来都是艰难的、差异的、迂回的、缓慢的，有时候甚至是会被放弃的。以"学生如何学，会更好"为核心追求的深度学习课堂，不可能是一马平川、一帆风顺的坦途，更不会有所谓如行云流水一般的"艺术"。如果有，那大概率是以取悦、传播为取向的表演课。

就一堂课的教学来说，学情可分两个阶段，一是课前的学情，二是课中的学情。课中学情的把握与运用主要依赖于教师对于现场学情的敏锐把握。

与课中学情的多变复杂、把握难度较大不同，课前学情相对稳定静态，且应对时间充裕，因此教师进行课前学情分析和应对更具有确定性。这样不仅可大幅度提升对学情的判断能力，而且通过解读具体的学生，会使教学预设更加精准。

课前的学情的理解一是依靠教师的经验，二是可依靠预学单进行实证分析。经验很宝贵，但是不能过于迷恋经验，因为经验生长于过去的课堂和学生。在我看来，经验融合当下的实证分析，对具体学情的理解才会更加精准，才能研制出更加符合学情的学习内容。

课堂深度学习的建设，迫切需要教师的角色转型。正如佐藤学先生所言：教师要从"教"的研究专家向"学"的研究专家转变。

作为学生学习的研究专家，教师首先需要在学习内容设计上建立起更强大的专业理性，深刻理解在深度学习的课堂里，"教"不是目的，"学"才是归宿。

让教学朝向精准
——谈基于学情分析的课堂教学改进

学情，简单地说就是学生在学习过程中表现出来的基本情态。就一堂课的教学来说，学情可分两个阶段，一是课前的学情，二是课中的学情，后者是前者的延续与发展。

对于课中学情的把握与运用，我们一直讨论得比较多，最典型的就是构建以学为中心的"生成型课堂"。我们甚至经常把教师在课堂中的这种"顺学而教、顺势生成"称为教学的艺术。教师也往往把这样的课堂经历谓之教学生涯中的巅峰时刻。毋庸置疑，这类教学情境的创造，主要依赖于教师对于现场学情的敏锐把握。遗憾的是，这种充满个人经验色彩的教学，往往很难进行有效的学理归纳和规律总结。因此，一线教师学习名师高超的课堂教学艺术，往往停留在欣赏阶段，很难进化到推广实用阶段。在笔者看来，期望通过学习名师的现场课堂来大面积提高一线的课堂教学质量，现阶段效果并不理想。

课堂是一个十分复杂的生态系统。学情在其中随着内容难易、师生交互、时空变换而动态变化。教师要精准把握学情，再以此为契机适切展开教学行为，并不容易。在日常调研听课，甚至是观摩名优教师的课堂时，笔者经常发现这样的教学情景：学生明白的知识教师还在喋喋不休，学生不明白的却是隔靴搔痒、蜻蜓点水，或者只字未提。"教"总是离现场学情太远，无法落在大部分学生的"最近发展区"上。这也就是我们的教学大面积地模糊混沌、效益低下的主要原因了。

如何让教学朝向精准，让教师们通过合适的策略掌握具体学生的学情？

笔者以小学语文课堂阅读教学为例，谈谈如何事先基于学情分析进行课堂改进。

一、课前学情是课中学情的前提和背景

与课中学情的多变复杂、把握难度较大不同，课前学情相对稳定静态，且应对时间充裕，因此教师进行课前学情分析和应对更具有确定性。这样不仅可大幅度提升对学情的判断能力，而且通过解读具体的学生，使得教学预设更加精准。据笔者观察，课堂中的有效生成，80% 以上是可以通过充分预设实现的。而这充分预设，首先是对学情起点的准确把握。我想这是每一位教师都可以为之努力的。

但事实上，我们备课时对于具体学生的解读，大都是"说起来重要，做起来不要"，或者做起来没有把其放在应有的位置。成尚荣先生说得好："儿童对教师来说，既熟悉，又很陌生，而有时候，'熟悉'正是一种陌生。如果让'熟悉'蒙蔽了教育的眼睛，教师就会在陌生中迷失以致迷乱。这样的'熟悉'，说到底是蒙蔽了儿童。"的确，在大量的一线教学现场，我们往往过于迷信自己的经验，在所谓的"熟悉"中失去了专业的、精准的判断。

就算在一些体现学情意识的教学预设中，我也发现很多教师对学情仅仅停留在对学生模糊笼统的整体性描述上。

如小学语文三年级的《盘古开天地》的教学，有教师是这样分析学情的：三年级的学生已经掌握了一些识字的方法，能自学字词，读通课文。但学生往往注重感悟故事本身的神奇，忽视对语言表达的关注。

再如二年级的《从现在开始》的教学，有教师是这样分析学情的：二年级的孩子对于识字已经有一套自己的方法，但是在字音、字形辨析，以及词语的理解上，有一定的困难。

这样的学情分析显然是来自课标、教材、教参的概念化的公共话语。更确切地说，这样的分析揭示了学生学习的应然起点。但如果教学只基于这样的应然起点，面对全国各地差异巨大的学生去进行教学设计和课堂实践，其实际教学效果可想而知。而我们的课堂教学，多年来就是陷在这样的"泥沼"之中。

二、学情分析更要关注的是具体学生的现实起点

有一位优秀教师曾在《借下水文激发流动学生习作欲望》的教学叙事中这样写道:"我刚去支教时任教四年级的一个班,三分之二的学生作文写不到100字,其他同学鲜有成型的文章。上任之前,和学生聊起喜欢怎样的语文老师,一个学生直言不讳:'喜欢少布置作文的老师,尤其不要天天写日记! 写来写去就那么几件事,没什么好写的!'其他学生一听,居然产生了强烈共鸣,对作文表现得极其厌烦。"我觉得这样的学情分析才是真正从抽象的学生走向真实、具体、鲜活的学生。这样的学情分析才能让学为中心、因材施教的教学追求成为可能。

笔者在调研中深深地感觉到,当下由地区差异、家庭差异造成的学生学情差异,可能比以往任何时候都要巨大。面对这样的现实,更需要我们首先要心中有具体的学生,而不停留于概念化的判断。说得直白些,就是努力让优秀的学生不停步,让弱势的学生不失去学习的勇气,努力达到课标的要求。

奥苏伯尔有一句名言:"如果我不得不把教育心理学还原为一条原理的话,我将会说,影响学习的最重要的原因是学生已经知道了什么,我们应当根据学生原有的知识状况去进行教学。"我想说的就是这个道理。

因此,寻求具体教学场境的实然起点,应当成为一切优质教学的应有之义。

三、让"经验性"的学情判断多一些实证的思维

大量的教学现实告诉我们,要了解学生学前学情的真实世界,仅靠经验判断显然存在着天然的缺陷。我从不否认教师经验的重要性,但是经验往往会陷入自以为是的窠臼。对自己的经验保持一份警惕,笔者觉得这是一位成熟教师应有的学术姿态。

浙江省优秀教师陈凤在执教人教版三年级下册第六单元《果园机器人》后写了这样的反思:

科普类文章，我们首先要教学生如何准确检索、处理文中信息。因此，很多老师上课伊始，总是提问学生："果园机器人能帮果农干什么？"对于这个问题，课文第二自然段明确写道："它们能把成熟的果子从树上摘下来，整齐地装进纸箱，然后运到指定的地方。"课文中写得清清楚楚，一读就懂的问题，有没有必要再教呢？换言之，这个教学内容有价值吗？

带着这样的疑惑，我将"果园机器人能帮助果农干什么？"作为本课预学单中的第一题。以笔者本学期公开教学的绍兴、杭州、铜陵三个班级为例，笔者发现，接近一半学生不能准确捕捉文本信息。具体如下：

地区	浙江绍兴（43人）	浙江杭州（44人）	安徽铜陵（30人）
正确率	51.2%	52.3%	40%

从学生的预学单完成情况来看，学生主要出错在信息不全，有写成"摘果子"的，有写成"摘果子、运果子"的，也有写成"摘果子、装果子"的。为什么看似简单的问题，学生会大面积地出现错误？分析之后，我发现，三年级的学生虽已具备一定的提取多个陈述性信息的能力，但是他们仍是以整体性思维为主，缺乏自动的聚焦和细分思维能力，出现这样的大面积错误自然就在所难免。

有了这样的实证以后，我非常肯定地将"按顺序简要写出果园机器人的作用"作为本课第一个教学内容。在具体的教学中，笔者确立了"再读修正、圈划聚焦"这一教学策略，帮助学生提升科普类文章阅读中的信息处理能力。

从陈老师的反思中我们可以清晰地见到预学单不仅是学生自主学习的支架，更是教师的学情探测工具。教师阅读预学单作业，重在搜集学生的原初阅读反应，对比自己的经验判断。通过分析，初步厘清什么是学生一读就懂的，什么是学生一读不懂的，什么是学生以为懂而事实上不懂的。

在这个万物互联、精准服务的时代，我们的教学比以往更需要实证思维、数据思维。通过适度的观察、访谈、问卷调查等，尝试用证据说话，用数据说话，努力还原学习的真相。

如工作室学员林志明老师在执教《"凤辣子"初见林黛玉》一课时对"在你眼中，'凤辣子'是个怎样的人？请说明理由"这一预学作业的学情梳理：

序号	学生的回答	人数	比例
1	是个有话就说、性格直爽的人，她跟黛玉说话的时候都是直来直往的，把心中的实话说了出来。	5	12.5%
2	是个热情、亲切的人，从"这熙凤携着黛玉的手""又忙携黛玉之手"可以看出。	10	25%
3	是个心地善良、关心他人的人，从"妹妹几岁了？可也上过学？现吃什么药？在这里不要想家。要什么吃的，什么玩的，只管告诉我。丫头老婆们不好了，也只管告诉我"这几句话可以看出。	9	22.5%
4	是个重情义的人，因为文中说："'只可怜我这妹妹这样命苦，怎么姑妈偏就去世了。'说着，便用帕拭泪。"	2	5%
5	是个漂亮、高贵的人，因为第一自然段中有一大段都在写王熙凤的衣着打扮，她穿的都是有钱人家才买得起的衣服。	8	20%
6	是个放诞无礼的人，因为刚开始她就在后院大声说："我来迟了，不曾迎接远客。"其他人都很安静，就她一个人说话。	2	5%
7	是个善于讨好别人的人，因为当她看见贾母喜欢林黛玉时，就一个劲地夸林黛玉，以此来讨贾母的欢心。	1	2.5%
8	是个泼皮破落户，因为她的姑妈死得早，没有人来照顾她。	1	2.5%
9	是个泼皮破落户，因为她穿得很华丽。	1	2.5%
10	是个文静的人，因为她"粉面含春威不露"。	1	2.5%

从上述数据中，我们可以看到，在没有老师的导引下，学生大面积存在误读或浅读，其中1、2、3属于误读，5属于肤浅阅读。虽说学生学情必然是多元的，但是通过数据统计和证据呈现，我们可以从中寻找多元学情

中的共性之处，即学生对王熙凤的误读主要根源在于缺乏对文本的前后联系和细节聚焦的能力。

在实际教学中，林老师以整合后的学生原初阅读体验为教学预设的起点，以"学习通过文本前后联系和细节聚焦的阅读策略把握人物个性"为课堂核心目标，引领学生细读文本、共享发现，取得了很好的教学效果。

再如工作室学员丁圆伟老师执教《珍珠鸟》时，事先给学生布置了这样一个预学问题："小珍珠鸟和大珍珠鸟谁更信赖'我'？请说明理由，并摘录支撑你理由的关键词句。"

经过统计分析，36位同学无一例外地认为"小珍珠鸟更信赖'我'"。他们认定小珍珠鸟信赖"我"的理由主要集中在"文章刻画小珍珠鸟的语段多"，关键词句则是摘抄课文中随处可见的诸如"这小家伙竟趴在我的肩头睡着了"等显性表达的句子。显然没有一个学生关注到大珍珠鸟动作细节背后的情感变化，当然更谈不上体会本文以动作细节演绎主题的秘妙。

36位孩子一致认为大珍珠鸟不够信任"我"，这就是典型的"学生以为懂而事实上不懂"。这样珍贵的学情，如果只凭经验判断，往往很难获得。在实际的教学中，丁老师以柱状图的方式向学生真实呈现了这一统计结果，并围绕着这一学情起点，引导学生做"阅读小侦探"，在字里行间玩味发现，最终明白大珍珠鸟一样十分信赖"我"。

从学生真实的阅读理解起点出发，经由教师导引，抵达更高层次的阅读理解，我觉得就是一种理想的阅读教学。

我始终认为，好的教学必然体现高度的个性化，必然是面对"这一类"，甚至"这一个"的教学。这样的面对，首先需要的是立足于教学现场和具体的学生，对"这一类"和"这一个"的学情起点进行实证解读，不断地深入和追溯学生学习情态的真相。

教学是人学，充满着不确定和丰富性。好的教学的确是充满教师个人色彩的艺术，但笔者以为，教学首先应成为一种科学行为，基于实证、基于规律，才能朝向精准，让课堂育人、学科育人真正落到实处。

重建课堂与真实世界的连接

我曾经在一次讲课中和老师们做过这样的想象：无论是我们东方的孔子，还是西方的苏格拉底，他们当初教育的空间场景可能就是在一棵大树下、在一处屋檐下……因为他们见多识广有智慧，所以吸引了一些年轻人围在身边。我想，这大概就是最初人类社会学校的雏形。

作坊、戏台、农事活动……凡有智慧的长者和想学习的年轻人在的地方，教育就会自然而然发生。

天地大课堂，学校最初的样子就是课堂的样子。

这让我想到前些年看到过的一个材料，似乎就印证着教育的原初：成都有一所学校，名字叫好奇学校，在成立的时候只有一名学生，没有校舍。对学生来说，家门就是校门，从里往外走是校门，从外往里走是家门。离开了家，整个城市都是好奇学校的教室。老师带着孩子在西西弗书店做"如何寻找一本书"的思维导图，在巷弄里的咖啡馆学议事规则、了解咖啡，去书店听流沙河老师讲《诗经》，周末在草堂小学组织飞盘比赛。半年的时间，学生的学习能力、阅读量都有了明显的提高，更重要的是，学生非常自信和快乐。

这自然是极为小众的学校，但的确可以给我们带来一种审视教育的新视角。无墙学校、无墙课堂，世界上的万事万物都可以成为学习内容和学习工具。

类似的学校还有美国的深泉学院。这所申请难度极高、人数极少的大学以"劳动、学术、自治"为校训，却被誉为美国高等教育实验的成功典范。

因社会生活的发展，特别是西方工业革命的肇始，原来的私塾、书院逐步进化到教育功能更为完备的现代学校，以培养大批的合格劳动者。学校这种专门用来教化下一代的建筑场所，首先从物理空间保障了教育的稳定发生。伴随着第一次工业革命，夸美纽斯还为此发明了沿用至今的班级授课制。这一方面让人类知识、文明得以大规模、低成本地传承；另一方面也把人的工具化、教育的实用化推向了极致。

与此同时，学校、课堂与自然、与真实世界也越来越脱节。杜威看到了传统学校教育的危险倾向，于20世纪初在美国发动了实用主义教育运动。

这是人类重新建立教育、学校和社会的连接的大规模努力，颠覆了传统的学科中心、课堂中心、学校中心的观念，提出了"教育即生活""学校即社会"等基本概念。尤其是"做中学"等理念的提出，使学校里的知识获得与生活世界主动联系了起来。

在我看来，这让学生的学习意义感得到了更为充分的赋能。

罗振宇在其2021跨年演讲中讲到的九渡河小学，至今让我难忘。这是北京怀柔山区的一所小学，但这所学校发生的课程教学改革，让我们好像看到了中国乡村小微学校的一种发展可能。校长于海龙一到九渡河就广贴告示招聘校本课程的兼职老师，有做豆腐的、做灯笼的，有剪纸的、养鱼的、榨油的、养蚕的，还有厨师……都是村庄附近的手艺人。

比如"豆腐课程"，做豆腐、卖豆腐的过程中，孩子们要学会用各种计量的工具，学会换算各种单位，学会读各种刻度，学会通过正确的百分比去配比豆子和水。不仅是磨出豆腐，还要把豆腐卖出去，这就又涉及设计文案、绘画、创意等。

小小一块豆腐，汇集了语文、数学、绘画等各学科的知识与能力。更重要的是，孩子们在做事的真实情境中发展了协同合作和人际交往能力。

这是"做中学"理念的生动体现。九渡河小学的成功给我的另一种启发是学校要善于运用"附近视角"的思维来开发学习内容。

当然，今天我们还可以用另外的概念来描述这样的学习方式，西方叫作PBL教学法，我们叫作项目式学习，强调在真实情境、真实任务、多学科融通中学习，最终实现问题的解决和产品（作品）的呈现。

学校从来都是为学生的未来生活做准备的。这既需要相对系统的文化知识学习，又需要保持与现实世界的必要相连。学科知识是客观世界形而上的浓缩和提纯。对于个体的学习来说，这样的知识只有联系了真实的生活世界，才会复苏，才会有冲击和重构学习者认知与精神系统的力量。

从这个视角看，好的学科知识学习应多些横向联系，而不应该停留于纸面的想象，卷入学科的象牙之塔。

好的知识学习当如一株小草的生长，拥有发达的根系，包裹着大量的新鲜的、成分复杂的土壤。

知识越清晰、越纯粹、越精准，就可能会越线性，被灌输的可能性就越大。而生活世界的多样性、复杂性恰恰可以激活、丰富静态的、惰性的教材学科知识。

1972年联合国教科文组织提出"学习化社会"，把"终身学习"和"学习化社会"作为一个整体的概念。"学习化社会"意味着需打破各种边界来塑造全新的教育生态。

互联网技术，已让我们拥有了无边界学习的"神器"。从2022年新颁布的课程方案和课程标准来看，学校和课堂亟须培养学生在真实世界中"能做事""做成事"的素养。

教育最大的失败，就是培养出无法改善现实、面对未来的人。

从这个意义上说，我们需要重新审视当下学校学习、课堂学习与生活世界的联系与融通。杜威100多年前的教育思想，对今天的学校和课堂，依然有着强大的指导意义。

以万物为课程，以生活为课堂，我们需要建立起更高维度的学习心智。

我想这是深度学习建设的另一重视角！

挑战性学习任务的设计与实施

　　课堂中的学习任务一般可分为两类：一类是基础性学习任务，另一类是挑战性学习任务。前者是后者的准备和铺垫；后者则是前者的迁移和登攀。

　　国内学者陈静静、谈杨对挑战性学习任务对学生学力的影响进行过深入研究，他们在《课堂的困境与变革：从浅表学习到深度学习——基于对中小学生真实学习历程的长期考察》一文中这样写道：

　　"伪学优生"的产生主要是因为学习内容的挑战性不高以及学习方法不当造成的。从教育目标上来说，1956年本杰明·布鲁姆（Benjamin Bloom）将教学目标分为"知识、理解、应用、分析、综合、评价"六个层次，他的学生安德森（Anderson）对这六个层次进行了重新修订，将其归纳为"记忆、理解、应用、分析、评价、创造"。其中，"记忆、理解、应用"被称为"低层次目标"，"分析、评价、创造"被称为"高层次目标"。"创造"作为教育目标的最高层次，具有最高的动力价值，故以"创造"作为最高教育目标取向，相应地其他五个层次目标将会在"创造"的目标下达成。但如果仅仅以"记忆、理解、应用"这些低层次教育目标为导向，就无法达成高层次教育目标。由于学校长期进行以知识传递为取向的教育，采取以"记忆理解"为主要策略的方法，难以产生高品质的思维成果，所以"伪学优生"不断蜕变，最后甚至沦为"学困生"。

　　课堂深度学习系统由学习内容、学习策略、学习文化三方面组成。挑战性学习任务属于学习内容的维度，指向学科知识的高通路迁移、学科思维的高阶登攀。挑战性学习任务的研制和实施，在笔者看来，需要着重关注以下几个要素。

一、学习任务样态的开放性

挑战性任务的关键是"挑战性"，其任务要体现驱动性，需呈现出比较宽广的思维空间和较长的解答距，同时也体现出任务解决的结果弹性。

一个真正有价值的挑战性学习任务，往往能统领全课，统整学习材料，甚至能够包裹低阶学习任务和学习目标的功能。

如一位小学语文名师在教学《威尼斯的小艇》一课时，先让学生相互交流了事先收集梳理的有关威尼斯的知识，然后问学生："既然威尼斯是世界上著名的水城、百岛城、桥城，文章的作者为什么不写'水''岛''桥'，偏偏写了威尼斯的小艇呢？"

这个问题具有宽广的文本覆盖面，乍一看，问题的答案具有不确定的模糊性。事实上，这个问题的设计巧妙就在于它是一个开放性的召唤结构。虽然答案并非依靠直接的文本信息检索就能获得，但却能倒逼学生从文本显性信息出发，抽丝剥茧，多元联系，形成问题解释上的逻辑自洽。

这样的学习任务既能锤炼学生对文本的深度思维能力，又能使教学触及文本内核，为学生进一步理解文本的表达秘密搭建支架。

挑战性任务的开放性还体现在重过程、重经历，相对淡化对结果"对"与"错"的二元评价。

很多时候，挑战性学习任务的提出并不是孤立的，而常常是以问题链的方式呈现的。通过基础性问题的整合、迁移，提出挑战性的学习任务，让学生不断突破个体的思维极限，从而抵达学习巅峰。

深度学习的课堂需要认知冲击和思维登攀的力度，而这首先需要高品质的挑战性学习任务和问题的设计。

二、学习思维的冲刺感

高阶思维不是自然发生的，而是由挑战性任务或问题引发的。

挑战性任务是一种具有高水平认知需求的学习任务，需要高层次的认知行为参与，比如分析、比较、推论、评价、批判等。仅靠记忆和解释无法胜任这样的学习任务。一个高质量的挑战性任务或问题，是课堂学习由"浅水区"走向"深水区"的关键。

如工作室学员林志明老师在《走向深度学习：语文课堂的迭代与升级》一文中写道：

在教学《景阳冈》一课时，如果我们细读文本，就会发现其中有好多值得思辨的问题：

本文选自《水浒传》第二十三回，原题是"景阳冈武松打虎"，我们习惯叫"武松打虎"，可本文却以"景阳冈"为题。你觉得这样改合适吗？

本文主要是写武松打虎，可作者却花了很多篇幅写武松喝酒。对此，你有什么看法？

有人说武松是"明知山有虎，偏向虎山行"，你同意这样的观点吗？

这些问题，有的指向课内，有的指向课外；有的指向内容，有的指向形式；有的指向理解，有的指向评价……但不管哪一个，都没有所谓的标准答案，只要学生言之有理，都应得到肯定。深度学习就像"思维登山"，让学生有机会经历自由思想、独立思辨，感受到思维冲刺的魅力。

很多的时候，心理学研究表明：当挑战的目标大大高过你的技能时，将产生高度焦虑。当能力高过任务，起初会感觉轻松愉悦，但持续一段时间则会产生厌倦。而当挑战与学习者的能力匹配时，就会有"心流"，就会有高阶的回应，思维的攀登和冲刺就会自然发生。

当然，学习任务的挑战性与学生的能力，特别是思维能力，在真实课堂中的匹配是动态的。从理论上讲，只有在学习者思维能力及挑战性学习任务同步上调的过程中，学习者才会感受思维跃升的巨大愉悦。

从这个意义上讲，让学生越学越想学，越学越智慧才有可能。

三、学习历程的探索性

挑战性学习任务的探索性体现的不是知识的难度，追求的不是完美的成果，而是问题情境的真实性、问题解决的过程性以及学习成果的丰富性。

对"未知"的好奇和对问题解决的渴求是学生进行深度学习的原动力。

巴布森商学院对在校取得 MBA 学位的毕业生进行了一项长达 21 年的研究，研究人员发现善用"走廊原理"的毕业生更有可能达成目标，取得成功。

研究人员把事业上的发展比作下走廊的过程。所有人站在走廊的入口，走廊里面一片漆黑。成功者和失败者之间的差别概括起来就是一个词：出发！成功人士倾向于主动朝着充满机遇的走廊前进，虽然也不清楚前面会遇到什么样的困难和障碍，但他们愿意承担不确定性带来的风险，克服令多数人驻足不前的恐惧和疑虑。

作为教师，要为学生多搭建解决挑战性学习任务的"脚手架"，多让学生自主攀登，而不是背着学生攀爬。

孙绍振先生在谈到语文课堂的存在问题时提出："他们（语文老师）面对的不是惶惑的未知者，而是自以为是的'已知者'，如果不能从已知中揭示未知——指出他们感觉和理解上的盲点，将已知化为未知，再雄辩地揭示深刻的奥秘，让他们恍然大悟，这就可能辜负了教师这个光荣称号。"

如果没有相对丰富、复杂的学习让学生真实经历，学生可能永远不会知道他还能做什么，知识学了有什么用。

好的学习任务，能真实地创造各种可能性，让学生在学习中真实暴露自己的认知水平，激发潜能，见到自己学习的力量，增加掌控外界和自己的能力。

比如教学"合理饮食"的知识，教师就可以让学生组队设计适合自己的一天健康饮食方案。为了实现这个目标，孩子们必须调用已有的经验，在设计中去主动发现新知识，厘清其中饮食知识的关联和区别，对相关知识进行持续思考与探究，并在设计的过程中协同对话，直到把问题解决或者部分解决。

在这样的探索性学习过程中，孩子会产生深刻的学习体验，无论是协商、妥协，还是决策，都是个体真实的学习心理历程。同时相关的人体消化系统、人体平衡健康的知识等也得到了深度学习和运用。

挑战性的学习任务，需能够刺激思考和挑战心智，引发学生深度参与和持续探索。

让学生在交流争议、思维碰撞和相互接纳的过程中，使解决问题的思路和策略渐趋明确化与合理化，最终实现学科知识的高通路迁移。

四、学习结果的"高意义感"

学习不仅要关注物理世界、社会世界和观念世界的对象、情境、概念，更要关注、挖掘这些对象、情境、概念的深层结构，揭示知识背后的思维方式及其所反映的人的精神世界、价值世界。这就是"像专家一样思考"。

今天，我们都清楚"核心素养"的要素是"正确价值观""必备品格""关键能力"。华东师范大学崔允漷教授认为："正确价值观"是做对的事，"关键能力"是能做事，"必备品格"是指能把对的事做好。

在我看来，"做事"一定是在真实情境中。

学习往往是在具体的境脉（情境和脉络，是情境化的，是有序的）中产生的，即所谓的情境学习。

在传统教学中，知识往往被舍去境脉。不伴随某种境脉的学科知识，在解决实际问题时是没有意义的。

比如小学数学中这样的学习案例："有载客 60 人的汽车，要运送 140 个人，需要多少辆汽车？有的学生答二又三分之一辆。"这就是没有境脉的学习。

不妨改为以下生活运用情境：

下个星期，学校要组织 4 年级 200 位学生和 8 位老师去春游，需要到汽运公司去租车，汽运公司有 4 辆可载客 60 人的大客车，还有 2 辆可载客 20 人的小客车。大车每辆收费 500 元，小客车每辆收费 300 元，请问怎样租车最划算？

面对课堂，我们可能都需要自我发问：如果在现实世界的情境中要激活和运用这些学科技能，那么学生现在需要理解什么？我们可以怎样设计？怎样实施？

唯有当"知识"被置于具体的境脉中才有意义，这是"深度学习"关键的教学思维。

从另一个视角看，挑战性学习任务的"高意义感"还来自知识结构化带来的知识压强。一方面，任何知识都不是孤立的，它们都是知识系统结构中的一部分，学科学习中要关注知识的"多元联系"，对学习内容形成更高维度的系统化认知，这是深度学习的重要表征；而另一方面，挑战性任务的完成同样需要综合运用学科内的结构化知识或学科间的相关知识。

可以说，挑战性的学习任务既是学生学习登攀的"触发器"，又是新时期课堂转型升级的"牵引机"。

从学科本位到"跨学科学习"理解

在义务段新课标中，"跨学科"成为高频词，出现了近 400 次。新课标将跨学科的思想和行动融入到每一门课程当中，强化学科间的相互关联，增强课程的综合性和实践性。新课标背景下，跨学科正在从"个性化""特色化"走向"标准化""大众化"。

以语文为例，义务段课程标准衔接了高中段课程标准中课程内容高度结构化的思路，把语文学习标定为"语言文字积累与梳理、实用性阅读与交流、文学性阅读与创意表达、思辨性阅读与表达、整本书阅读、跨学科学习"等六大学习任务群。其中"跨学科学习"脱胎于原来的"语文综合性学习"，但毫无疑问，新课标视域中的"跨学科"更富有接轨世界教育潮流的时代意义。

语文是基础学科中的基础，语文的工具性决定了与其他学科的必然关联，语文的跨学科性质天然存在。除了英语等外语学科，中小学的各门学科知识传递都需要通过国家通用语言文字进行，其呈现的样态既有连续性文本，又有数学等文字与图表、数字相结合的非连续性文本。

从这个意义上说，学生的各门文化学科的学习，都是一种"大语文"的学习。更确切地讲，对于语文来说，其他学科的学习，体现的是语文素养体系中的"实用性阅读的理解素养"。

而从另一个维度看，一切学科都是复杂生活世界形而上的抽象和凝练，一切学科知识和概念都是现实世界的反复折叠的抽象之物。在真实的世界，学生面对的现实生活既不是语文的，也不是数学的，而是多学科融合的、一体的世界，学生应对生活真实挑战的工具也需要多学科协同。

新课程方案及各学科新课标特别重视学科知识与能力"真实情境的运用"。"真实情境"的应有之义是以问题解决为取向，而不是以单一的学科知识为目的，从这个意义上，语文"跨学科学习"的正式提出，是软化学科边界、回应学生真实生活世界的体现，将推动语文课程在更广阔的场景中迈向深度学习。

对于学生来说，从语文出发的"跨学科学习"的经历，能让学生更具有认知的完整度和鲜活度，同时也促进了学生"语言运用""思维发展"等核心素养的发展。

好的语文"跨学科学习"应当源于学生真实生活，以主题为引领，以项目为载体，以问题解决为取向，有时空保证，学习成果可视化。语文的"跨学科学习"应当是高意义感的学习：不仅有语文素养的提升，更是学生协同合作、学会学习、发展学术心向、持续提升学习兴趣的过程。

我在著名教育学者沈祖芸老师的文章中读到过一则案例，一位北京的小学语文教师指导学生写信时创设了这样的学习任务情境：

请给附近的动物园园长写一封信，希望增加一种动物园里没有的动物，并让园长相信，引进这种动物后，游客会大量增加。

为了完成这个任务，孩子们要调研动物园已有的动物品种，要了解新动物是否适宜北京的生存环境，要讨论怎么才能说服园长引进这个品种，要用证据证明引进这个品种能增加游客等。解决了这些挑战，那些动物的生活习性、书信的格式、成本核算等基本的知识和技能也都掌握了。原本要通过语文、数学、科学、社会等课程实现的教学目标也都达成了。

经过大家辛苦地调研和学习，最终动物园园长被说服了，引进了新品种。这种来自真实世界的反馈，让学生们有了高度意义感。

写信不仅是为完成作业，更有着与社会、他人交互的建设性功能。在查找资料、梳理探究的学习实践中，与其他学科知识相互照应、相互渗透、相互支撑、相互促进，通过得体的语言运用，实现参与社会，解决个人关心的真实问题，并实现成果可视化。这是学生学习的意义感和成就感的累积。

学习从来都是为学生的未来社会生活做准备的。在这样的学习经历中，学生感受到的是语言的力量，感受到的是通过个人努力、团队协同，实现对不确定的真实世界的掌控感。

作为学生学习活动的设计者，教师有责任让学生有机会、有可能在具体的真实情境中激活并灵活运用学科知识、方法和技能，创造性地解决真实性的问题。以真实生活情境驱动学生学习，本质上是一种"能做事""做成事"的思维。这样的学习，历程永远比结果更重要。

长期以来，我们的学科学习习惯于互为壁垒、"井水不犯河水"。如语文学科，前些年一些专家提倡的语文课"不要荒了自家的园，肥了人家的田"就是例证。语文教师，甚至是一些名师，只为狭隘的语文本身负责，而忽视了语文应当为学生因应世界和科技变化的未来发展负责。

有专家言：如果把知识化作人体所需的营养，学科知识就好比从瓜果蔬菜中提取的各种维生素，是经过反复提纯的知识胶囊。我们过往的学科学习过于关注这些知识胶囊是否被学生吞下，而缺少对其是否消化，是否转化为其成长营养的关注和研究。

基于学科的"跨学科学习"的提出，一定程度上打通了学科界限，让学科学习回归生活，回应真实世界有了更广阔的空间。这样的学习，就如让孩子吃上新鲜的瓜果蔬菜，既美味营养，又便于消化吸收，恰如"盐在汤中"。

同时，"跨学科学习"的提出，对于教师来说，能帮助转变固有的学科本位认知，得以站在更高的维度看到课程育人的意义。

对于现阶段来说，由于教材还没有来得及修订调整，更需要老师展现作为教学资源开发者的专业角色，依靠各级教研的力量，因地制宜地实施"跨学科学习"。

"跨学科学习"的内容设计

新课程方案提出"原则上各门课程用不少于 10% 的课时设计跨学科主题学习",语文新课标更是把"跨学科学习任务群"列为六大学习任务群之一。

传统意义上的学科教学,知识学习过于孤立,普遍缺乏横向和纵向的联系,是一种被高度提纯的、象牙塔之中的学科实践。

"跨学科学习"的提出,从课程内容结构的维度上回应了上述的问题,这是对以往的"纯学科本位"的一种修正,也为学科深度学习探索在学习任务设计上提供了全新的视角。

正如成尚荣先生在《实践育人的理论基础、核心要义与基本形态》一文中指出的:"所谓跨学科主题学习,即是打开学科边界,'东张西望',并主动伸出互助的友谊之手,形成学科知识的大格局,同时,在课程的交叉处、融合处更容易激发人的创新精神和创造能力。"

好的学科"跨学科学习"任务首先是从学科本质出发,整合各学科知识研究问题、解决问题,回应生活世界之于孩子的真实问题与挑战,开辟学科学习实践的新领域和新样态,从而构筑起深度学习的新景观,在充满意义感的学习历程中提升学习者的核心素养。

以工作室学员、浙江省特级教师周叶萍老师设计的五年级语文"跨学科学习"任务"走近桂花"为例:这一学习任务以五年级上册教材第一单元的散文《桂花雨》为主题生发点,统整了数学的"平均分"、道德与法治的"学会分享、认识秋天的花"、美术的"秋天的图画"等学科内容与概念。基本设计思路如下。

一、阅读拓展，任务驱动

阅读《桂花雨》；学唱歌曲《八月桂花香》；积累有关桂花的古诗；了解桂花品种及开花的时节、生长环境等。

二、实践探究，随时记录

1. 赏桂花：闻一闻，桂花的香味哪里来？数一数，桂花有几个花瓣？你看到了几种颜色的花？摸一摸，桂花感觉像什么？尝一尝，桂花味道怎么样？画一画，桂花像什么？

2. 摇桂花：摇一摇桂花，搜集桂花。

3. 分桂花：小组合作称桂花，平均分桂花。

4. 制作桂花美食：先和爸爸妈妈一起通过网络搜索、寻访等形式，了解桂花可以制作哪些食品，再一起制作桂花食品，能用"先……然后……接着……""首先……其次……再次……"等连接词讲述制作过程。

三、成果分享，任务闭环

分享桂花美食：制作邀请卡，邀请一年级小朋友参加班级美食节；汇报制作过程；分享美食；讲述舌尖上的桂花美食故事。

学习成果展览：关于桂花的研究性小报告、日记、图片……

在我看来，这就是比较典型的语文"跨学科学习"，也是我们当下学科教学比较缺失的学习方式。从阅读《桂花雨》，学唱歌曲《八月桂花香》，积累有关桂花的古诗，了解桂花的品种及开花的时节、生长环境等开始丰富对桂花的认识；接着以日记的形式记录下赏桂花、摇桂花的过程和感受，然后是称桂花、分桂花、亲子制作桂花美食等实践探究；最后分享桂花美食，办"走近桂花"成果展。这样从语文出发，立足语言运用，协同其他学科的学习，真实体现了素养为导向的实践育人、学科育人。

基于实践及其他的学习和观察，我理解到"跨学科学习"任务设计操作的一些要点：

首先以真实情境为依托，以孩子的生活世界和经验为学习任务的原点。

学科学习如果不能一头扎到实践运用世界，缺乏与真实生活情境和学生生命处境的联系，那么学习就会被架空，所学的也大都是缺乏意义感的脆弱性知识。

刘徽教授在《真实性问题情境的设计研究》一文中写道：当前去境脉化的学校教育致使学生获得的知识大部分是惰性的，不具备可迁移性。造成这一问题的原因可以归结为未能激发和保持学生解决问题的动机、没有让学生经历完整的问题解决过程和没有建立基于理解的位置记忆。

在我看来，"情境性"特别是"真实性情境"是本轮课改面临的一个重大的挑战。不仅对于"跨学科学习"，对于学科内的学习设计也是如此，这关系到学科学习是否真的能促进学生的核心素养，能否真正形成"必备品格"和"关键能力"，能否真的通过学科学习"能做事""做成事"。

其次是"跨学科学习"的过程需不断调用、升级学习者已有的学科经验和生活经验。从某种程度上说，"跨学科学习"任务本身还蕴含着从个体学习走向协同学习，从线性学习走向网状学习的意义结构。我们必须正视的是，我们的学习，尤其是课堂学习，"公寓文化"和"丛林文化"仍旧大面积存在，这种以"相互孤立""优胜劣汰"为取向的落后学习文化是"课堂育人""学科育人"的巨大掣肘。而"跨学科学习"因为学习时空的泛在性、学习任务的挑战性、学习要素的集成性，更需要协同与对话，交流与共享。这无疑是对传统课堂不良学习文化的一种洗涤和疗愈。

再次是高度重视以"梳理探究"为核心的学习方式。高度重视搜集资料、运用资料等实用性阅读素养。面对不确定的、未知的学习旅程，不断生出学习的触角，善于联结他人，联结资源。

最后是学习成果可视化、作品化，努力提升交付感。重视多维评价，倡导人人都是成功者，确立"最微小的而进步也是最重要的进步"的评价育人理念。

在笔者看来，"跨学科学习"任务设计的底部操作系统还是要把学生的生活与当下的学习紧紧地联系在一起，要让学生觉得学习可以改进他的生活体验。如此学生才会把学习的责任担在肩上，以此唤醒自己，发现自己，进而成为自己。虽然学科课程领域的"跨学科学习"的主要表现是软化学科边界，但仍需充分发挥本学科本质和优势，让学生像专家那样思考和行动，让学科学习更为深邃和辽阔。

学科深度学习需要"真实性情境"

学科学习的基本目标是学生的"真实性学力","真实性学力"需要借助"真实性学习"来培育,而"真实性学习"需要在"真实性情境"中才会发生。

"情境"是这次新课标的高频词。与旧的课标相比,新课标高度重视情境在课程实施中的关键性作用。无论是课程内容的选择和组织,课堂教学、教学评价的实施,都十分重视情境性元素,特别是真实情境的运用。

如语文新课标在课程理念第四条就写道:增强课程实施的情境性和实践性,促进学习方式变革。在语文新课标中,与"情境"相关的词有真实情境、语言情境、学习情境、语言运用情境、语言实践活动情境、交际情境、社会情境、阅读情境等。

可以说,基于情境的学习方式变革已经成为这次义务段"双新"落地的关键要素。

在教育学术界,"情境"从来不是一个陌生词汇。如著名语文教育家李吉林先生创立了"情境教学"和"情境教育",强调要顺应儿童天性,突出"真、美、情、思"四大元素,以"儿童—知识—社会"三个维度为内核,认为"情"主要指"情感""情调"或"情趣","境"主要指"意境"或"境界",有时也指"场景"或"场域"。"情"与"境"要整合起来,要将"情境"理解为一种浸润着情感、充满着情调和情趣的教育场域。"情境教育"还从脑科学最新成果中找到理论支撑,即儿童的脑是敏感的,需要一个丰富的环境;儿童的脑具有极大的可塑性,需要不断提高神经元联结的频率;儿童的脑优先接受情绪性信号,积极情感伴随着学习活动更高效。

我们由此可以理解到"情境教学"和"情境教育"为我们印证了一件十分重要的事，那就是学习首先是一种情绪性的行为。没有正向的学习情绪，就不会有深度学习行为发生。

高中语文课标研制组组长，北京师范大学教授、博士生导师王宁先生则认为："所谓情境，就是课堂教学内容涉及的语境；所谓真实，就是这种语境对于学生而言是真实的，是他们在今后的学习和生活中能够遇到的，能够引起他们联想，启发他们继续思考，从而在这个过程中获得需要的方法，积累必要的资源，丰富语言文字运用的经验。"

一堂课，本质上讲就是一场学习情境的展开和演化。其育人价值的实现，很大程度依赖于其中问题情境、任务情境等诸多中观、微观情境的有机组合，而"真实性"正是各类情境育人的灵魂。

这次义务段"双新"的出台，正是对传统学科教学过于注重惰性知识的传授，忽视学生素养培养的有力矫治。

我查阅了有关资料，对于"素养"有一种解释是："人在一定情境中表现出的知识、能力和品质的综合，是一种不管外部社会环境如何变化，个体都能够调用以适应变化的最基本的身心资源。"我认同对于"素养"这样定义。

素养立意的学科教学需要真实性问题情境的设计，这样的情境一定是和生活实践相联系的，帮助学生具备解决现实当中实际问题的能力。由此我们都需要思考，面对学习内容和知识点，怎么做才算是真正创设了一个好的学习情境？

从笔者的课堂观察来看，因对新课标的有关新理念的强硬照搬、生食不化，导致了不少课堂学习情境油水分离、削足适履、虎头蛇尾、逻辑混乱。特别是学习任务情境设计，存在着不少的"假、大、空"的伪情境。这类情境往往为了相关内容和知识点的学习而生硬"制造"，这类失去真实和真诚的教学，直接导致学生在学习过程中失去沉浸感和代入感。

杜威认为，好的教学必须能唤起儿童的思维。在他看来，如果没有思维，那就不可能产生有意义的经验。学习要实现思维的登攀，就意味着设计者必须提供可以引起思维经验的情境。

深度学习意味着不仅要有思维的参与，还要有情感的投入；意味着学习不光影响学生的智力，还将和学生的学习体验强相关。

学习设计本质上是学习活动的操作系统设计：从显性看，是学习内容、学习方式的设计；从隐性看，还包含着学习文化的设计和培育。

如果课堂学习任务来自学生的真实世界，势必将赋予学科学习更强的意义感。

作为学习设计者，教师要加强对生活世界的观察和理解，以学科思维理解生活世界，通过对生活世界和儿童真实问题进行"原型改编"，对现实世界中的学科运用场景进行研磨，以实现情境与学科内容的"合脚"。

作为课堂深度学习的倡导者，笔者一直以为，判断课堂学习是否处于深度学习的状态，主要有五个观测的维度，分别是"学习关系是否安全、学习状态是否投入、学习历程是否登攀、学习思维是否高阶、学习结果是否有黏性"。

希望"真实性情境"的涌现能够从学习内容的设计层面助推学科课堂深度学习的发生！

让学科从书本走向真实生活，把学习引向真实问题情境，这既是一种"本源性学习"的回归，更是新时期学习方式的深层次变革，是学科育人方式的迭代升级。

我非常相信，今天的学生如何学到知识，意味着他（她）将来就会如何去运用这个知识改造社会和生活，去面对真实世界的问题和挑战！

学科思维网络的理解与把握

　　学科之所以成为一门学科，是因为每门学科都有一套自己独特的符号谱系和思维网络，有一套自洽的逻辑，都有着自己在学科群落中不可替代的价值。

　　当一种知识形态被称为学科，意味着它已进入科学的、可证伪的思想范畴。从这个意义上说，任何一门学科的建筑，都是以科学性为基础的，也以更具科学性、精致化为学科的发展方向。

　　我们长期以来把学科知识特别是教材知识看成是经典的定论。学科课堂就是学科知识从外到内的输入。在这样的教育语境里，教师是学科知识的权威拥有者，学生是等待被罐装的知识容器，而衡量学科学习的优劣，则主要取决于学生在需要解题时的提取和应用情况。

　　这类学习的实质就是学生复制教材、复制教师的思维成果，其认知系统的建构只能是浅表的、夹生的。如果教师在学习设计中对学科思维网络的把握没有形成自觉，那么其中的难点就会成为学生认知建构中的堵点，成为学习的认知盲区，从而留下隐患。这类隐患的累积，最直接的反映就是学科知识学习难以在"陌生化的真实情境"中迁移和运用，客观上造就了大量的学困生和"伪优生"，学生在更高的学段难以可持续发展。

　　学科认知伴随学科思维。浅表性的认知建构，集中体现的是低阶思维的反复和滑行，难以形成学科思维向上的登攀和突破。

　　学科育人是指以学科为平台，以学科知识为内容媒介，连接学生个体生命、改造学生个体生命的过程。其中既包括学科知识本身，也包括获得学科知识、能力过程中发生的方法策略、思维方式、人际关系，以及由此产生的个体的情感、态度以及价值观。

在学科育人、素养导向的大背景下，各类大型考试命题已越来越强调学科知识与能力在真实的陌生化情境下运用。以单向灌输、线性组织、大量作业、反复练习为主的学科教学组织方式显然已经跟不上时代的步伐。

笔者曾经有幸听到全景数学创始人张宏伟先生的《分数的意义》，并作为论坛主持人和张宏伟先生做过一些交流，深感张老师对于小学数学教育价值的深度发现。一个数学概念的背后竟然可以链接如此丰富的知识、生活与文化。超越简单的做题，超越孤立的学科，学生由这堂课看到了数学生活的恢弘世界。数学深度学习的魅力，令人叹为观止。

在深度学习的话语体系里，学科深度学习追求的是学习个体对于学科内部知识的高质量再造与重构。这样的再造和重构本质上是学科思维网络的个体化过程，是高度内隐化的。

这种内隐更多地体现在对显性学科知识底下含蕴的学科思维网络的理解和把握，体现在由此伴生的从学科低阶思维向高阶思维的涌动与登攀。

当然个体间的差异并不是教师能够凭个人意愿控制的，很多时候是不可见的，甚至很难直接感知到这样的再造与重构的清晰发生。这是课堂教学的复杂和困难，但也是课堂教学的迷人之处。

深度学习视域中的学科学习，追求的就是学习者从显性的、静态的学科知识到内隐的、活化的学科思维网络的打通与融合。这是学科关键能力形成的关键所在，是学科素养的本质属性，也是学科育人的核心体现。

学习内容设计的三种姿态

今天，当我们大力提倡学科核心素养、大力提倡学科育人时，其实我们就已经开始在寻找构筑从学科知识到学生素养的通道和路径。

实现学科育人，教师的不可替代性在于其首先是学习活动特别是学习内容的专业设计师。对于学生所面对的教材内容和学科知识，教师可能需要有三种姿态：

一是绕到学科知识的"后台"，了解知识发生的来龙去脉。因为有了这样的准备，教师才有可能在学习内容设计时引领学生像专家一样思考，让静态的、僵化的知识活过来，动起来。

如笔者曾读到一份小学五年级说明文单元的学习设计，这是小学阶段学生第一次在教材中学习说明文，其中有这样的问题设计：

你觉得世界上最早的说明文是怎样的？为什么会有说明文？你在日常生活中哪里见到过说明文？

毫无疑问，在这样的问题驱动下，学生必然会去思考和触摸说明文独特的文体思维网络，模拟性地感受和理解人类社会探索发明说明文这种文体的场景，并从中真实感受到学习说明文的完整意义。

二是看清当下的学科知识与其他外部知识的横向关联和纵向衔接，促进当下学科知识学习的整体感和发展性。其中包括学科内部不同领域的联系，学科与学科之间的联系，当下的知识与过去的知识、未来的知识的联系。如此才有可能引领学生理解学科关键概念、重要观念的隐秘关联，特别是学科思维逻辑上的关联。

如小学语文统编教材为了落实阅读关键能力"体会文章表达的思想感

情"，从四年级下开始，共安排了六个相关的阅读单元，以提炼单元语文要素的方式，从不同的策略和方向来培育学生"体会文章表达的思想感情"的能力。

四下：抓住关键词句，初步体会课文表达的思想感情，体会作家是如何表达对动物的喜爱之情的。

五上：初步了解课文借助具体事物抒发感情的方法；结合查找的资料，体会课文表达的思想感情；注意体会作者描写的细节、场景中蕴含的感情。

五下：体会课文表达的思想感情。

作为一名有专业素养的专业语文教师，无论进行其中哪一个阅读单元的设计，都需要深刻了解这六个单元的语文要素及其关联、逻辑和区别。如此，才能有更加精准的学习内容设计，才能更有效地促进这一阅读关键能力的形成。

多年前，有语文教育专家批评语文阅读教学是"碎尸万段"的状态。知识与能力只与"考点"和"得分点"有关，教师的教越来越细碎，学生的学越来越零散，"生命的语文"沦为了"应试的语文"。无论是一篇课文，还是一个单元，我们既要把握其内在的整体，还要关注其在学科、教材中的背景、承担的功能及各种内在的联系。在学科教学中，我们大概需要秉持这样的自觉：没有一个知识没有来处，没有一个知识没有去处。

三是建立学科知识与学生自我世界的关联。学科知识是学科育人的载体，但只有对学科知识进行创造性转化处理，才会让其真正成为学生认知系统中可生长的有机体，才能沉淀为学生的素养。

从这个意义上说，学科育人需要学生在学科符号与日常生活之间建立有机的联系，逐步理解符号内在的意义，体验符号背后的思想观念和关系。这就需要学习内容设计充分关注学生真实的生活世界和真实的问题挑战，包括具体的、变化着的学情。

不懈寻求高质量的学习内容的再生通道，高品质地促进学科知识对学习者经验的再造与重构，这是学科课堂深度学习的核心，也是学科育人的希望所在。

第三章

优化课堂的学习历程

CHAPTER 3

第四章

培育课堂的学习生态

深度学习首先是"科学地学习"

对于学习活动的把握，我们有许多的概念迷思和"经验丛林"。如何把握一些更底层的认知逻辑，在学习活动的结构和生长方向上面取得一些基础性的共识，就变得尤其重要。

我重读了中国教育三十人论坛成员，香港大学原副校长、荣休教授程介明先生关于学习科学的一些论述，他的核心观点是学习背后的逻辑需要用"学习科学"来解释，相信人脑是可塑的，是人的活动在塑造人脑的发展。这让我想到深度学习首先是"科学地学习"。

从学习哲学来看，"科学地学习"意味着遵循规律，遵循学习者的身心特点和学科核心素养形成的规律。

一、对学习者个性化认知心理的尊重

认知心理学家皮亚杰认为：一切真知都应由学生自己获得，或由他重新发现，至少由他重新建构，而不是简单地传递给他。

儿童是天生的学习者，在任何学习领域，天然有着模仿能力和创造冲动，天然有着好奇和自主建构的需要，无论是日常基本生存技能的学习，还是课堂学习，都有着学习的原力！

但如果学生对所学的内容缺乏体验，没有引起学生的"认知失衡"和"行动共鸣"，那么所学的就是惰性知识，或者说脆弱性知识。这类知识在陌生化的情境中将无法被运用，无法应对真实问题，也无法使学生的原有认知系统顺化和重构。

二、对学科课程本质、逻辑的尊重

如以语文学习为例，其学习活动就应当始终围绕着"语言运用"展开，这是语文课程在学生素养图景中的独当之任。"文化自信、思维能力、审美创造"这三大核心素养，都需依附于"语言运用"这一学科本质。从这个意义上说，"语言运用"在语文课程中既是手段，也是目的。

另外我们还需要明确的是，运用和理解是一次学习过程的两面，虽然各有侧重，但往往是同时发生的。从系统论的视角看，高质量的学习内容和学习的过程，一定具有整体性和综合性，其呈现的样态一定不是零星的、分拆的、孤立的。

这让我想起美国学者古德曼的名著《全语言的全全在哪里》一书，其主要观点包括：对于儿童的语文学习，我们可能先需要有整体观，让语言历程回归真实的读写世界，在阅读中学会阅读，在写作中学会写作。我们特别需要警惕那些把文章和句子进行支离破碎分析的教学。语文学习本质上不是搭积木，而是从听说读写中全方位学习语言，特别是要整本书阅读。

以前我们以为先学知识，再运用实践是天经地义的。但这样从知到行线性的教学逻辑，其实只是我们纸面上的想象。这不是真实的、解决问题的学习方式。

就像学骑自行车，只有你骑了自行车才会骑自行车。

知道再多，也只是惰性的知识。知识只有被运用了，才会抵达更高层次的理解。

离开运用的情境，长时间地让学生坐在教室的座位上听、写、考，不会产生学习的好奇者和热爱者。如何让学生主动建构认知，这是教师学习活动设计的核心问题。

今天作为教师，我们更要完整地理解到学生在学习活动中是"被动中的能动者"，理解到今日学习活动的终极意义是培养学生成为可持续的、自我迭代的终身学习者。

三、对学习者以意义感为中心的认知和精神世界的尊重

学习是人类对客观世界的理解和把握，因此也是人类对客观世界赋予意义的过程。

从最初的幼儿时喜欢反复按开关，看着灯一亮一灭的惊喜，到通过识字阅读，满足自己的未知好奇，解决自己真实的问题，看到自己因学习带来的力量感和对周围世界的掌控感，所有这些都是因学习行为伴随的意义感的产生。

意义感就是学习活动的价值刻度。特别需要指出是，学习不仅是认知、技能、思维锤炼提升的过程，更是学习者在学习过程中获得尊严、体面、成就的过程。

"科学地学习"还意味着动态改进。

变化是这个世界永远不变的主题。凯文·凯利在《必然》一书中写道：下雨时每一滴水会如何进入山谷，这个路线是肯定无从了解的。但是你一定知道方向——因为有重力，所以必然向下。我们不知道未来会发生什么，所有的都是不确定的，是更好还是更坏，但是我们知道趋势，那就是流动与变化。

大到社会，小到个体的学习行为和认知细节，都处于朝向未来的流动和意外之中。但我们知道所追求的价值趋势和方向，那就是不管教育如何改革，不管学校如何变化，我们要给学生创造空间、时间和机会，让他们安全、真实而完整地经历认知的流动和意外、改进和重构。

从这个意义上说，教师"更细颗粒度"的课堂理解、更精确有力的学习支持，就是支持课堂走向深度学习的顺势而为。这是一种改进，更是一种拥抱。

当我们讨论"科学地学习"时，不是放弃过往经验，而是对过往经验审视、淘洗和补充。

当我们认同"科学地学习"是深度学习话语体系中的基础性共识时，还意味着学习活动之间需要形成更有力的逻辑链条，也意味着教师需要过一种追求理性、讲究实证的专业生活，在对学习活动的剖析、鉴定、校治、确定、质疑、完善中成长自己。

如何让"学习逻辑"引领"学科逻辑"

我们的学科学习一直天然存在着悖论，即学生的"学"遵循的是学习心理的逻辑，比如从直观到抽象、从零碎到整体、从无意义到有意义、从直接经验到间接经验。而我们的教材更多是依循学科知识的逻辑性严密编排，我们的"教"更多遵循的是学科知识的逻辑。

苏霍姆林斯基曾说："著名的德国数学家克莱因把中学生比作一门炮，十年中往里装知识，然后发射，发射后，炮膛里就空空荡荡，一无所有了。我观察被迫死记那种并不理解，不能在意识中引起鲜明概念、形象和联想的知识的孩子的脑力劳动，就想起了这愁人的戏言。用记忆替代思考，用背诵替代对现象本质的清晰理解和观察是一大陋习，这会使孩子变得迟钝，到头来会使他丧失学习的愿望。"

以小学语文学习为例，进入学生头脑的语言必须是真正构成可视可感的表象或概念的外壳，而不是'空壳'，这样的语言才可以成为他们思维和表达的工具，供他们自由地驱遣、运用。可以说，这样的教学是有活性的，犹如一个磁场，能不断摄取、融合新的语言信息，不断改造学生自身的语言和思维。笔者曾在《以形象建构抵达更高层次的文学阅读理解》一文中写到过一个"消极语汇如何向积极语汇转变"的案例：

一位教师在执教《我的伯父鲁迅先生》一文中的"饱经风霜"一词时是这样教学的：

师：闭上眼睛想，在生活中有没有可以用饱经风霜来形容的脸？

（学生思考10秒钟左右，开始有人举手。）

生：又黑又瘦，额角有道道皱纹，嘴唇是一道道血口子。

生：眼角陷进去，虽然只有 30 多岁，但看上去已经 50 多岁。

生：他头发像稻草一样，上面还蒙了一层灰。

师：从这饱经风霜的脸上你还能看出什么？

生：家里穷。

生：这个车夫太可怜了。

生：他经历了很多磨难，还照样干活。

师：在这么冷的天气里，车夫光着脚，被碎玻璃刺破了脚，血流了一大摊，当时如果你在场，你会怎么做？

生：我会把身上的所有的钱给他。

生：我力气大，可以拉黄包车上医院给车夫治疗。

生：我会打电话叫我当医生的爸爸。

相似论把与要理解的事物具有相似性的"前理解"，即存储在大脑中的知识单元，称为"相似块"。它是一切理解的基础和前提。具体到阅读理解，教师的引导就是要激活已经存储在学生头脑中的那些能与课文言语相匹配的"相似块"。生活中一些饱经风霜的脸是学生早已感知并储存在大脑之中，只是缺少能与之匹配的文字符号。所以当教师提问让学生"闭上眼睛想，在生活中有没有可以用饱经风霜来形容的脸"时，学生就立即将经验中的情景与书本中的词语联系到一起。由生活经历而激活的关于饱经风霜的脸，是学生在日常生活中通过无意识的隐性学习而获得的成果，当他把这种情景与饱经风霜发生形象建构的时候，饱经风霜就被赋予了孩子个人化的言语意义。

这就是学生语言学习的逻辑，不遵循这样的逻辑，"饱经风霜"这个词就会大概率成为学生的消极语汇。在一线的教学现场，教师常常陷入一个泥潭，看似把该教的知识都已经仔细教过，但是学生的学习结果却是脆弱的。一是容易遗忘；二是转换一下问题情境，学生的学习结果就无法用来分析问题和解决问题。

我们以往讨论课堂，喜欢用"行云流水"来形容一堂好课的艺术，但在深度学习的语境，这更像是一种"讽刺"。以学生学习逻辑引领的教学，必然是真实的学习，困境和挑战必然时时发生。好的学习历程从来不是一帆风顺的，而是受阻、迂回、等待、突破甚至暂时放弃的攀登过程。

让"学习逻辑"引领"学科逻辑"，让学生学习历程引领教学过程设计，关注学科知识逻辑与学生学习逻辑之间的融合，关注符号世界和学生的经验世界特别是生活经验世界建立连接，这是课堂深度学习设计的关键问题。

走向"U"型学习历程

相对于具体的生活运用而言，课堂的所学是形而上的。经过无数学科精英经年累月的清理和提纯，学科的知识大厦已越来越精美复杂，自然也离它原生的世界与生活越来越远。这样的悖理，会让学习者感觉所学与自己生命和生活的剥离，继而学科知识会陷入象牙之塔。

以数学为例，在现实生活中如购票乘车这样的小事，我们所调动也是一大团知识和经验，如阅读车次信息、路线规划、风险评估、确定支付方式（现金支付、网络支付）等。你往往很难圈定哪一个清晰的书中的知识点帮助你完成了一项具体的生活任务。但长期以来，我们的课本、练习册、试卷往往为了应对某一个知识点的学习，虚拟出一个生活中的场景。我印象最深是小时候学过的数学应用题，比如两个人或者两辆车什么时间相遇，又如一个水池同时进水和放水，什么时候会满或者会干。这里可能有数学思维的训练，但抽离了学生相对熟悉的生活情境。这样的概念和知识无论多么正确，对于一个学习中的孩子来说，无疑是存疑和生硬的。

深度学习视域中的学习内容要努力实现学科的知识逻辑与学生的学习逻辑深度融合，比如符号世界和学生经验世界特别是生活经验世界相连接、相融通。

华中师范大学郭元祥教授认为深度学习是一种"U"型学习。他在接受《今日教育》杂志采访时说：

"U"型学习是我对美国著名教育家杜威的经验教学过程理念的概括。从书本知识到个人知识，学生究竟经历了一个怎样的过程？杜威认为：书本知识具有不可教性，不能直接进行传授，而需要让学习者经历一个复杂的过程，即知识的学习需要经过还原与下沉、体验与探究、反思与上浮的过程。这一学习过程恰似一个"U"型形态。学生首先要将书本知识还原，还原为"儿童有效率的习惯"，还原为"经验"，还原的过程即知识的下沉过程。下沉环节是对知识进行表征化、表象化和具象化的过程。"U"型的底部是学生对知识进行"自我加工"的过程。第三个环节是上浮，即反思性思维的过程。经过反思性思维，将经过"自我加工"的书本知识进行个人意义的升华和表达，书本知识才真正变成学生自己理解的东西，即所谓"个人知识"，从而实现对书本知识的个人化理解、自我建构并获得知识的意义增值。"U"型学习更完整地引导学生经历丰富的认知过程、情感过程，以及将知识个性化和社会化的过程，更注重学生的多样化学习投入。更重要的是，"U"型学习通过引导学生深度的理解、体验、对话、探究和反思性思维，获得对知识的意义增值，而不是对符号的简单占有。①

这一学术观点，很有借鉴价值。但笔者在学习和思考中，觉得从静态的书本知识到生动的个人知识，如果用曲线表示，可能接近于左低右高的"U"型形态。

具体地说，教师首先要引导学生将书本静态知识还原，还原为生动而丰富的"儿童的经验"。还原的过程即知识的下沉过程。下沉环节是对知识进行具象化的过程。"U"型的底部是学生"自我加工"的过程。第三个环节是上浮，即通过探究挑战性问题，通过倾听、合作与反思，将经过"自我加工"的知识与观念进行个人意义的转化与升华，实现对书本静态知识的个人化理解、自我建构并获得知识的意义增值。

这是学生个人经验与学科知识的融合。经验促进知识的学习转化，知识内在为学生新的结构性的个人经验。经由教学，学科知识就这样与学生内部的认知和精神系统建立了生命联系。

可以说，左低右高的"U"型学习历程，正是深度学习超越书本知识，

---

① 郭元祥，黄瑞."深度教学"如何真实发生 [J]. 今日教育，2017（6）：14-17.

不断往上攀登的生动写照。

　　超越表层的学科知识，超越单一的、孤立的、枯燥的知识传递过程，让学科转化为人的核心素养和关键能力，让每一个学生获得学习的意义感与效能感，这是我们讨论学科深度学习的核心价值。

追求真实而完整的学习历程

学生如何学，会更好？这是研究、改进课堂的行动指南，也是深度学习探索的意义所在。

从笔者个人的课堂观察来看，许多学生的学习历程一般艰难而缓慢，而我们的教学则简单而迅猛。课堂应是学生试错的田野，但事实是对于学生出现的错误，我们很难有耐心等待。

"课堂困境产生的主要原因是高速而压缩化的课堂教学进度与缓慢而复杂的学生学习历程之间存在巨大落差。不少学生的真实学习需求未能得到关注和回应，从而陷入了'学困生'的死循环。"[①]

学习不是对知识符号的简单占有。杜威有一个观点：书本知识具有不可教性，不能直接进行传授，而需要让学习者经历一个复杂的过程。作为教师，我们在课堂中的全部精力可能都应当用在把握和经营这样的复杂过程。深度学习，就是要让孩子经历真实完整的学习历程。

笔者以为，静态的书本知识转化为生动的个人知识，如果用曲线表示，可能接近于左低右高的"U"型形态。前文所述的"饱经风霜"一词的教学案例即为典型。教师首先要引导学生将饱经风霜静态的、公共的词语解释还原为个体对于饱经风霜的"生活经验"。还原的过程即知识的下沉过程。下沉环节是对饱经风霜进行具象化的过程。"U"型的底部就是学生"自我加工"的再认知过程。最后以"从这饱经风霜的脸上你还能看出

---

① 陈静静，谈杨. 课堂的困境与变革：从浅表学习到深度学习——基于对中小学生真实学习历程的长期考察 [J]. 教育发展研究，2018（15）：96-102.

什么？""如果你在场，你会怎么做？"实现知识的上浮和突破，实现对书本静态知识的个人化理解、自我建构并获得知识的意义增值。左低右高的"U"型学习历程，正是深度学习超越书本知识，不断往上攀登的生动写照。

课堂深度学习视域中的学习历程，可以是不成熟的，甚至是青涩的、粗糙的，但必须足够真实和真诚。师生对学习历程必须褒有敏锐的触感、清醒的认知和丰沛的感情，如此，师生的思维才会不断锐化。

从笔者现有经验及老师们的教学实践来看，课堂深度学习的展开尚面临诸多与传统课堂教学的冲突。最突出的表现是：因注重学生学习过程的真实、充分展开，课堂推进速度大大降低。但笔者以为，坚持以深度学习为追求的课堂转型与课堂文化培育，学生学习品质必然能从量变到质变。笔者团队的诸多实践已经证明了这一点。

当然，这给教师提出了更高的专业要求。教师的课堂追求，既需战术层面的技术打磨，更需战略层面的长远追求。

如何在课堂教学中"以少求多""以慢求快"？如何围绕核心概念和班本学情进行充分设计与教学？如何还教于学，强化学习"最近发展区"的差异运用？如何保障学生在课堂中的学习权？

怎样的课堂生态会让学生觉得安全而敏觉？怎样的学习关系是润泽而互惠的？怎样的学习进程是柔和而有力的？

作为学生学习的设计师、支持者和研究专家，教师更要成为课堂现场的学习者，在课堂深度学习的生命氛围中躬身入局，向学生学习，向学习的真实世界学习。

据麻省理工学院的一份报告，从2003年开始，美国的生产力就与就业率没有关系了。身处这个时代，我们已经越来越感觉到经济发展不再需要雇佣更多的工人。我还看到一个笑话：未来的工厂里只需要一个人和一条狗。人的工作是喂狗，而狗在那儿是要看住人，不让他碰机器。

我们都很清楚，前工业时代背景下的学校课堂就是批量生产合格生产者的地方。但面对以人工智能为代表的第四次工业革命，当拥有网络和人工智能的机器可以提供知识和体力乃至智慧的时候，作为当下的教育工作者，我们就必须追问：人类有什么用？人类的智能有什么用？人类的学习价值在哪里？人类和人工智能的差异在哪里？对于延续文明的课堂和学科教学，我们要怎样应对？

　　面对这些问题，笔者坚信：丰富的人性、先进的思维方式、创造和感知美好的能力，应当是一切未来课堂教学变革需要坚守的价值取向，这也是我们今天讨论课堂深度学习，努力让学生经历真实而完整的学习历程的全部意义。

学生的思维历程不能被答案替代

笔者在日常的课堂观察中，经常发现课堂中"教师的思维代替学生的思维，个别优秀学生的思维代替全班学生的思维"的现象。

在帕尔默所著的《教学勇气》中有一段话："你问了一个框架很好的问题，随之而来的是一片沉寂，你就等啊等。你知道你应该再等等，不要急，但是最终你觉得无助而失控，于是你怀着焦虑、愤怒、专断等复杂感情回答了自己的问题。带着这些情绪只会使事情变得更糟。然后，你眼睁睁地看着沉默营造出的学习的开放性化为乌有——而且教学越来越像头撞南墙瞎跑。"

这打破沉默的一刻，其实阻止了所有真实学习的机会。这里还有一种情况，就是教师会不断寻找能够回答这个问题的优秀学生，不管他是否有意愿回答这个问题。教师都希望有学生能够灵光乍现，拯救自己于这样的尴尬的课堂境地。

这样的教学行为多了，有一类学生就会逐渐形成固定的认知：老师总是会把正确的答案灌输给他们。老师不告诉，优秀的学生也一定能够答出来。

这当中有不少"努力学习"的"好学生"，他们遵守课堂纪律、认真执行老师的学习指令。最常见的学习状态就是这些学生永远努力地记笔记，生恐漏掉一字，但从未主动思考、主动表达。

等待所谓的正确答案的出现，是这类学生最大的问题。

某种程度上，是教师的长期不当的教学行为，塑造了他们等待老师的答案、等待优等生的精彩回答的思维习惯。

这样的被动型学习风格，直接导致的是这类学生会很难去专注地捕捉问题在自己思维世界中微微激起的涟漪。这是最典型的学习力丧失。

随着年级的升高，这类学生的思维会因此进一步闭锁，对老师的讲解和答案的依赖性会进一步强化，遇到具有挑战性的问题，会越来越难以启动有效的思考。

答案对于这类学生来说，意味一个问题的终结。他们几乎不可能去计较这个问题自己是否真的明白。而教师的教学是快速而压缩的，很难觉察到学生的真实学习样态。

因为只是知道答案，没有个体自主的真实的思维过程，学生获得的往往是"夹生"的学习结果。简单地说，就是知其然，而不知其所以然。这会直接导致学生无法构筑对某一概念和问题的学科思维方式。最典型的就是学习结果难以迁移，学生无法在陌生情境中运用相关的知识与能力，比如无法胜任高质量的考试。这就是过往"浅表性学习、虚假性学习、夹生学习"埋下的"祸根"。

学习的能动性如果没有被激发，无论看似多么认真地学习，都具有虚假性。在以静态知识为主、能力难度较小的学段，这样的学习可能会一时取得好的成绩。但进入更高的年级，这样的学习方式就会现出原形。

在基础教育阶段，我们特别要警惕这样的"伪优生"现象。

如前文所述的帕尔默提出的问题，如果问题足够有价值，教师一定要有进一步的学习支架、学习方式的细化设计和支持，尽力保障班级每一位学生在这一轮学习中有所收获。

课堂的真相是"教过不等于学会""学了不等于学会"。对于学习这件事来说，教师和学生都需要真诚地面对，在倾听、对话中，去寻找真实的问题解决之道，在解决问题的过程中去暴露思维过程，推动思维登攀。

让学生见到自己学习的力量

读到一位老师写的教学札记，主要讲述了一位学困生背诵课文的学习经历：

这位学生朗读课文很困难，不是读错就是加字、减字。老师想办法用手机拍了学生第一次朗读的视频，耐心地给学生指出了读错的字以及要注意的地方，又用师生对读的方式带着学生读。然后第二次拍视频，让学生看自己前后两次的朗读进步。如此几次，读到最后，奇迹慢慢地发生了，学生越读越自信，再没有卡壳和读错。第二天的课堂上，这位老师特地"设计"了朗读这篇课文的环节，没想到这位同学竟然主动举手了，一开口就惊到了全班同学。老师原本的设想是请这位从不举手的学生展示一下进步，鼓励一下他的信心，但没想到的是学生这么主动和自信。

这位学生在老师的帮助下，通过持续的努力，看见了自己的进步。可以说，这让他对朗读第一次有了真实的掌控感，这可能是这位学生许久都没有的课堂高光时刻。我当时想，如果这样的感觉能够得以持续并继续放大，那么这位学生在朗读课文上的成就感、自信感就会投射、衍生到其他的学习和生活领域之中。这样的经历就有可能成为学生成长的关键事件。

佐藤学说：能救学生的，的确只有学生自己。

斯坦纳说：所有的教育都是自我教育。

作为学生，生活区域、原生家庭、认知风格、学习经验等的差异在具体学习的过程中都会被投射和放大。

坦率地讲，今天如果有教师要求学困生向学优生学习，去获得学优生一样的学习成绩，大概率是做不到的，而且随着年级的升高，这样的可能性会急剧变小。

在学习生活中，教师更务实的教育方式是激励每一位学生，每天都能比昨天进步一点点。不管是学困生还是学优生，每一次上课、每一次作业都能努力向好。当学生拥有这样的心态，再匹配相应的行动，学习成绩的进步自然就在情理之中。

就课堂学习来说，一位饱尝失败、失去存在感的学困生如果能从任何微弱的进步中得到表扬与肯定，其激发的心理正能量会远超我们的想象。

心理学告诉我们，空泛的表扬和激励是寡淡无力、不可持续的。激励学生在学业上持续努力的，首先是来自学习世界的正反馈，特别是因其努力带来的进步实证被外部肯定，尤其是被代表学习世界权威的教师肯定！

作为教师，努力看见并放大每一位学困生的进步证据，是转化学困生的必由之路。

这也让我想到，如果补课和辅导不能解决孩子学习心理上的自信与成就感不足的问题，其实就是缘木求鱼。

浙江省绍兴市越城区群英小学的谭莹洁老师在《学生的"安全感"和教师的"安全感"》一文中写到一个案例：

班里有位几乎不做作业的孩子，但在《守株待兔》这堂课上却主动举手了。他是全班第一个完成带着动作讲演寓言作业的孩子。老师觉得很奇怪，课后问原因，他开心地说是上学期学《司马光》时就有带着动作讲故事的作业，当时自己讲了，觉得好玩。这次又看到有这种作业，就提前准备了。他查了每一个不认识的字，趁着课间上厕所还在走廊里比画了几遍，觉得没问题了就在课堂上举手了。

这就是孩子的学习世界。每一个孩子未来的成功和失败都有一些关键时刻。这样的时刻在成人看来可能不值一提，但对于一个孩子来说，却可能是扭转乾坤的人生契机。

在师生关系中，教师是主导的。相对而言，学生是被动的一方。只有师生良性互动，学生学习的内生能动性才可能被激发和持续。

对一个学困生来说，学习上最细微的成功喜悦就如"久旱逢甘霖"。

再微弱的进步也是最重要的进步！放大并持续地让孩子看到通过自己

努力带来的学习力量，是确立学习世界与生命世界意义感的关键一步。

在这个四月春天里的双休日里，我码着这些文字，突然就想到我很喜欢的杜甫名篇《春夜喜雨》：

> 好雨知时节，当春乃发生。
> 随风潜入夜，润物细无声。
> 野径云俱黑，江船火独明。
> 晓看红湿处，花重锦官城。

其实这一天春光烂漫！但我想好的课堂学习就当如这诗句呈现的另一种人间美事：第一重是"春风化雨"，第二重"润物无声"，最后是期待中的"花团锦簇"。

好的教育也当如沐浴春天的细雨，潜滋暗长，各美其美！

让每一个孩子都有机会看到自己学习的力量！这样的成长心态真的会让学生受益终生。

学习需要真实地"互学"

今天每一位教育工作者，可能都有这样的共识：线上学习难以取代线下课堂。线上学习的主要问题在于人与人之间关系的弱化，学习场域中情绪氛围的稀薄。面对屏幕，师生之间、生生之间的孤立与隔阂会被进一步放大。

在我看来，如果有一天线上学习取得了突破性进展，那一定是实现了人与人之间关系黏性以及学习现场感上的突破。现在看来，元宇宙会提供这种可能。

1992 年出版的科幻小说《雪崩》中描述了一个名为 Metaverse（元宇宙）的虚拟世界，人们只要通过公共入口连接，就能以虚拟"化身"的形象进入其中，开启有别于现实世界的另一种人生。

在 ChatGPT 没有诞生之前，元宇宙应该是全球最火爆的科技概念。在真实的现实世界之外，人类可以拥有一个沉浸式的、平行的虚拟世界，其引发的认知地震已经波及各行各业。

传统的网络技术给我们带来了知识学习的丰富便捷，但元宇宙带来的是人与人之间全息互动的学习关系，这真的会从底部冲击现实世界的教育逻辑。

我曾看到一个材料：某著名高校已经尝试直接把课堂搬到了元宇宙中，在元宇宙中举办每周两次的大咖课程，学生可以直接在课程内学习、互动、交友，真实地复刻了现实课堂的场景。

但无论技术怎样进化，课堂运转的人际逻辑不会变化，那就是建立学生的互学关系，让同学成为"同学"。无论采用何种课堂组织方式，学习者的人际网络的建设和维护都应该成为基础。

"相互学习"作为课堂学习建设的上位观念，其落地支架就是让学生学习相互倾听，在课堂中建立以倾听为基础的学习关系。

浙江大学的刘徽教授在其著作《大概念教学：素养导向的单元整体设计》一书中就"为什么大概念要在润泽的学习环境下发生"这一问题有如下阐述：

大脑深处有一个主管情绪的"边缘系统"，包括两个结构（大脑两侧各一个），被称为杏仁核，负责指导下脑和上脑之间的交流。其中，下脑负责控制原始行为，包括大部分身体功能，如呼吸和消化，以及本能反应，如逃跑和防御，这也是大脑在减少能量输出的一种表现。而上脑，也被称为前额叶皮层，负责更为高级的信息加工，如分类、归纳、判断等，作出更为深思熟虑的反应。杏仁核可以被认为是信息流向上脑还是下脑的切换站。当处于压力状态时，比如感受到焦虑（如考试临近时，或者作业过多时）、恐惧（如当众发言时，或者被同学孤立时）、沮丧（如考试成绩不好时，或者回答问题错误时）、无聊（如重复某一简单任务时）等情绪时，信息就会进入下脑，身体出现抵触或走神等行为。因此，需要营造佐藤学所形容的"润泽"的学习环境。"润泽"是相对于"干巴巴"而言的，不同于"干巴巴"的紧张撕裂，"润泽"让师生既因为挑战任务而感到兴奋和激动，同时也因为彼此信任而感到安全和放松。[1]

"润泽"的学习环境从哪里来？因为倾听和被倾听，课堂的学习氛围才会安全，学习者的内心才会安定。

再好的学习任务设计都需要在良好的课堂学习文化中才能转化为学生的素养。基于大概念的学习需要课堂润泽的文化土壤，其他的学习活动也是如此。

我之所以一直呼吁提高认知水位，重新理解倾听这一学习行为中蕴含的教育学意义，是因为我在日常大量的课堂教研工作中，深刻地感受到倾听是建立学习者相互联系最便捷也最有效的途径。而现实是我们的教研部

---

① 刘徽.大概念教学：素养导向的单元整体设计 [M].北京：教育科学出版社，2022：55.

门、学校领导和广大教师还没有对课堂中的倾听关系有足够的理解、关注和研究。

长期以来，我们的学科课堂研究和讨论受制于各学科的课程理论，围绕着学科课程的事实性知识和程序性知识，在"教什么""怎么教"上打转。而对于学生学习历程具有支撑作用的课堂学习文化建设，我们的理解却过于模糊和粗糙。

倾听是高品质互学的起点。倾听对方，还意味着回应的责任，这其实就是互学的开始。

从学习者自身来看，倾听还是课堂专注力形成的前提。这样的过程往往伴随着学习的高峰体验：心流。

心理学家米哈里这样描述心流：体验过心流的人都知道，那份深沉的快乐是严格的自律、集中注意力换来的。他有愿意为之付出的目标，那目标将他的注意力全部集中于此。因全神贯注于此，一切外在的干扰被忘却和屏蔽，而达到了忘我的状态。

课堂中会学习的人，一定首先是会倾听的人。没有倾听，就没有高品质认知的动态建构，也难以有交互性思维的碰撞与表达。

作为课堂学生学习活动的指导者，教师首先应该是课堂倾听的示范者，不断学习如何在课堂中安心安定，"五官苏醒"，用眼睛和耳朵把全班学生纳入自己的"身体意象"。如此，教师才能更好地穿针引线，支持学生就学习任务建立连接，展开对话，相互启迪，成为课堂学习之网的编织者和推动者。

好的学习一定来自好的关系。互学，互惠，互进，这既是课堂走向深度学习的路径，也是课堂深度学习的标识。

在我有限的认知里，这样的理念和坚持不仅适用于当下的课堂，对于将来由各种新技术加持的课堂学习，我相信也一样如此！

课堂教学的"静默"之道
——以语文课堂教学为例

中国传统书画中的虚空留白，音乐艺术中的"无声胜有声"，都体现了虚实相生、化虚为实的艺术节奏。这样的虚，往往会催生出"烟波浩渺满纸前"的艺术张力。

课堂也是一种艺术，艺术是相通的。顺学而教，动静相生，应当成为理想课堂的应有节奏。换句话说，热闹与静默，当如课堂上"车之两轮，鸟之双翼"。如若失衡，则失去了课堂应有的生态。

笔者在课堂教学观察中发现，为了强调"学为主体"，突出学生的主体地位，提升课堂中学生的学习频率和效益，不少老师往往以更大密度的外显性学习活动来加以强化，如语文教学中"人声鼎沸"的朗读、"层层剥笋"式的对话……热热闹闹、"小手如林"固然可喜，但静默寂然、潜心会文，有时未尝不是教学的另一种境界。

加州大学心理学教授古德曼更是提出："沉默可以调节说话和听讲的节奏。沉默在谈话中的作用，就相当于'0'在数学中的作用。尽管是'0'，却很关键。没有沉默，一切交流都无法进行。"人们将他的理论总结为"古德曼定律"，也称为"沉默定律"。

笔者以为，要回归课堂中合理的安静，继而形成动静和谐、张弛有道的课堂节奏，我们需要对课堂中的静默要素与运用策略进行分析和定位。我想以语文课堂阅读教学为例来谈，以供大家参考。

一、重视静静默读

一般而言，中高段学生的自主默读课文，是学习交流的起始和基础。离开了学生对文本充分的原初体验，课堂的对话未免浮光掠影。特别是文学性文本，给学生相对充分的时空去默读，去体会揣摩，这符合言语学习的基本学理。审视时下的语文课堂，教师往往在朗读上煞费苦心，却视默读如"鸡肋"。有人曾对第六届全国青年教师阅读教学大奖赛上获奖课例的部分实录进行过一些分析，发现平均默读时间每节课只有两三分钟。

默读是最常态的阅读方式。对于语文教学来说，它既是手段，又是目的。

默读既适宜于逐字逐句推敲的精读，又适宜于大致了解的浏览。可以说，没有一个文化学科的学习离得开默读。某种程度上，默读理解能力，直接影响着其他文化学科的学习。更何况默读是伴随人一生的。我们每个人很难在日常阅读时高声朗读，但默读却是必然的阅读姿态。从这个意义上讲，默读比朗读更具有深远的现实意义。

默读能力的形成需要科学的训练。笔者在课堂观察中普遍发现，老师在安排默读的时候，往往只把默读作为一种手段，而很少把它作为重要的语文能力来考量。老师常常牵挂接下去"更精彩"的教学环节，而让默读匆匆过场。但课程标准对其作为一项能力有着十分明确的要求和定位，在第三大部分"课程目标"中各学段的默读要求如下：

第一学段：学习默读。

第二学段：初步学会默读，做到不出声，不指读。学习略读，粗知文章大意。

第三学段：默读有一定速度。默读一般读物每分钟不少于300字。学习浏览，扩大知识面，根据需要搜集信息。

第四学段：养成默读习惯，有一定的速度，阅读一般现代文，每分钟不少于500字。能较熟练地运用略读和浏览的方法，扩大阅读范围。

如上所述，因为认识上的不到位，我们大量的课堂只是让学生通过默读完成相关任务，却很少为孩子如何默读提供支撑。

笔者以为，小学中高年级在布置默读任务时，起码要考虑默读能力训练的三个维度：①默读技巧方面，要求集中注意力，不出声，不指读。②默读理解方面，要求边读书边思考，学会圈圈画画。③默读速度方面，要求随着年级的升高逐步加快速度，每分钟不少于300字。

我们要厘清默读功能，合理运用默读方式。阅读主要有三种类型，一是实用性阅读，二是文学体验性阅读，三是思辨性阅读。而作为教学手段来说，默读一般具有提取信息、感受形象、体悟情感、比较辨析等功能。实用性阅读需要学生拥有准确提取信息的快速默读能力。文学性阅读则需要更多的玩味体验，甚至需要在"咬文嚼字"中让文本言语充分撞击心灵，继而产生丰富的内部言语和情感。思辨性阅读则需要通过比较、推断、质疑等方式，梳理观点、事实与材料及其关系，辨析态度与立场，辨别是非、善恶、美丑。这样的理性思维和理性精神无疑要在默读中涵养。

据笔者观察，由于教材大多数是文学性文本，因此，我们的默读方式更多地定位在体验性默读，而相对淡化了快速默读能力的培养。课程标准要求第三学段默读一般读物每分钟不少于300字，第四学段则需达到每分钟不少于500字。信息时代的到来，已经让我们感到默读速度对现代生活的重大影响。

默读速度的培养，不仅需要语文教学的重视，也需要其他文化学科的协同加持。默读及其相关的略读、浏览能力，是学生各文化学科学习进阶的基本工具和通用能力。

二、学会静静期待

教育是期待的艺术，但我们的教学思维习惯于追求课堂表面的"行云流水""一马平川"。教师提问的"紧锣密鼓"，直接产生的是学生思维的"驱赶现象"，在这样的"驱赶"中，一部分孩子就不由自主地掉队了。学生由于没有足够的思考，回答往往"浮"于文本的文字层面，多是碎片化的陈述性信息，而缺少有质量的结构化表达。

教学"浅对话""伪对话"，一个很重要的原因是教师缺乏倾听和期待的雅量。有些课看似几个问题学生基本上回答正确了，但仔细一看，那只是极小部分的课堂发言专业户，不过是"课堂冰山上的一角"。这样的课堂，沉默的永远是大多数。

对于提问等待时间过少，一些教师有自己的理由：一为了保持教学进度，确保课堂有一定的容量；二是保持学生的注意力的需要。但如果我们认同课堂是所有学生的这一常识，那么我们有理由反问：你的教学进度完成了，学生的学习进度也完成了吗？学生的思维的注意力保持了吗？

如《天鹅的故事》的一课即将结束，教师提出这样一个问题："斯杰潘老人为什么把枪挂在肩头，悄悄离开湖岸，而且这杆猎枪在墙上一挂就是30年？"学生一时冷场，教师心里就着了慌，连忙请班上的学习尖子起来救场，尽管他们并没有举手。由于没有给予学生充分的思考时间，学生的表述也只是只言片语，如"斯杰潘老人爱护鸟""斯杰潘老人很善良"等，这样的认识其实仍然停留在初读感知阶段，而这已经是课的结束阶段，需要的是认识的提升和深化。

像上述教学，问题提出来以后，教师应当给予学生足够的思考时间，可以要求学生细细品读课文，同时注意倾听、判断、整合来自学生的信息进行引领。如学生交流到"利用下落的冲力，像石头似的把自己的胸脯和翅膀重重地扑打在冰面上"这一句时，可引导学生反复体会这是"硬碰硬"，而且接连不断地扑打，一定会很痛并要受伤的，而老天鹅却偏偏不顾及这些，学生才能真正理解什么叫"破冰勇士"，才能被老天鹅生命的崇高之美震撼到。也只有理解到这一层，学生才能理解斯杰潘老人为什么把枪"挂在墙上""一挂就是30年"。倘若思考时间不足，揣摩不透，忙于得出所谓的"结论"，学生会有什么收获呢？

美国学者罗威（Rowe）通过有关等待时间延长的实验发现，在那些把等待时间延长了 1～5 秒的教师的课堂上，发生了下列令人可喜的变化：①学生回答的平均时间延长；②学生回答的主动性和正确程度提高；③学生不能回答问题的可能性减小；④思考之后回答的现象增加；⑤从事实推论得出的结论增加；⑥学生的提问增加；⑦学生作出的贡献更大。这无疑给我们那些教师气喘吁吁地牵着学生走，学生匆匆忙忙地跟着教师跑的课堂一记当头棒喝。

再如《卖火柴的小女孩》结尾处有这样一段话："第二天清晨，这个小女孩坐在墙角里，两腮通红，嘴上带着微笑。她死了，在旧年的大年夜冻死了。新年的太阳升起来了，照在她小小的尸体上。……谁也不知道她曾经看到过多么美丽的东西，她曾经那么幸福，跟着她奶奶一起走向新年的幸福中去。"教师或许可以从故事情节的角度让学生去同情小女孩的命运，也可以从社会的角度让学生去探究她悲剧命运的原因。但有一位教师这样处理这一段的教学：他自己声情并茂地示范读了一遍，再让学生轻轻地齐读了几遍，之后，课堂出现了长达一分多钟的沉默！在一片寂静中，孩子们的眼睛开始晶莹起来。尽管在这一分多钟的时间，教师和学生没有任何一个动作或者语言的交流，但可以断定的是，在潜心文本、忘我入境的平静下，学生的纯真和善良在奔涌不息。他们已经体察到了这段文字所包容悲剧美：在虚幻中曾经如此美丽又脆弱的幸福……初升的"新年的太阳"本应带给人们新的希望和温暖，然而，它今天首先照到的，却是一具小小的尸体！

著名美学家王朝闻曾说："在独处宁静的情况下，壁上的斑痕也能引起我的注意，一经凝视，斑痕可以幻化为生动新奇的形象，它是平时构想不出的。"试想，如果不是凭借独处的"宁静"，会有如此审美的体验吗？

课堂教学同样也需要给学生这份"宁静"，让他们"凝视"学习内容和学习材料，才能使语言符号触发经验的联想和认知的建构。因此教师应当如乐队指挥，有着掌控课堂节奏的足够自信，以足够的耐心给学生专注思考、完整表达的时间。

三、关注静静地书写

在笔者的课堂观察中，深感课堂"动"得太多，而安静的时间太少，特别是让学生安静地书写更是缺乏。一些有观课教师的课堂，更是动感十足。笔者曾访谈过一些教师，他们认为公开教学热闹活跃是必须考虑的，不然下面的教师会坐不住。我觉得这些教师说的是实情。笔者的确在不少听课现场，遇到时间较长的课堂静默，特别是孩子书写时，观课教师细细的嘈杂之声便四下响起。在我看来真正的课堂就是一位教师与一班学生的一次关于学习的相互成就。一旦上课教师把听课教师也放在课堂的考量中，这样的教学，难免不纯粹，不自主，会有作秀之嫌。

学科教学的基本使命就是从学科的角度，不断培育孩子的思维能力，把他们带向更高的智慧。但笔者不无遗憾地发现，那些看似师生交流频繁、学生显性活动量大的课，却不见得就是一堂思维含量高的好课。倒是一些看起来相对朴素安静的课，学生的思维却是敏锐活跃，课堂增量十分明显。

由此笔者想到，如同一曲音乐，课堂不能只是关注追求表面问答如流、热闹忙碌，更需关注涵泳内化、静静表达。书面的表达需要把内在隐秘、杂乱的言语，显性而有条理地表达出来，这是语文学习更具挑战的高阶学习方式。

现实是我们的语文课堂习惯于"夸夸其谈"，高耗低效；习惯于不断"剥削"学生的课外时间，把本来应在课内完成的书面作业习惯性地留到课下，无形之中增加了学生的课外作业负担。

《国家中长期教育改革和发展规划纲要（2010—2020年）》第四章第十条提出："减轻中小学生课业负担。过重的课业负担严重损害儿童少年身心健康……率先实现小学生减负。"作为一个有良知的教师，我们真的需要研究如何让这样的国家要求落地，做到既尊重学科规律，又为学生减负提质。2021年，国家的"双减"政策已全面落地，课堂如何"学足学好"，已成为我们每一位教师的必答题。

作为一堂常态课来说，"作业随堂化"是必然的选择。所谓随堂化，就是教师根据教学目标，在课始、课中、课后相机让学生进行书面练习。

以浙江省教材审定委员会通过的《小学语文课堂作业本》的使用为例，在笔者的调研观察中，有一些优秀教师就做得比较好。如：课前让学生完成《小学语文课堂作业本》中的"看拼音，写词语"这类知识性题型；课中结合教学进程进行课文主要内容的梳理，重点句子的理解，写话练习等书面练习；课终则进行适当的延伸练习，如课文内容续编、课文段落仿写、自由抒发感想等小练笔，以使学习进一步深化提升。

笔者以为，这样的书写安排，不仅推动教学目标的达成，减轻了学生的作业负担，而且也优化了教学的节奏。当然，教育首先是一门科学，怎么呈现作业、呈现什么作业、什么时候呈现、怎样呈现效果最好，这所有的安排都要遵从学生的认知规律。好的课堂必然是根据学生的学习态势，进退有节，动静相生。

苏霍姆林斯基说："教室里一片寂静，学生都在聚精会神地思考，这将是课堂最真最美的时刻。教师要珍视这样的时刻，课堂上应当经常出现这样的寂静。"

课堂教学中的静默之道，我想首先是基于对学生学习规律的尊重，它绝不是一种哗众取宠的标签，而是对于更好的课堂教学的守望。

课堂反馈的优化与改进

加涅认为：学习的每一个动作，如果需要完成，就需要反馈。课堂是一个系统，其展开就是一个反馈与调节的过程。如果课堂没有反馈这一介质，教与学就会断裂。

毫无疑问，良好的反馈机制，是课堂深度学习建设的重要一环。

在课堂对话中，教师的反馈具有两方面的功能：一是评价和判断；二是对学生发言进行点拨、引领、提升，通过这类反馈，驱动学生对问题再思考、认知再加工、思维再攀登。

为使课堂反馈更有价值，我们有必要在其对学生学习的作用机制上进行拆解和观察，对其中的关键要素进行改进，以使反馈更好地助力课堂深度学习的发生。在笔者看来，课堂反馈的优化与改进，可以从以下几个维度进行思考。

一、提升反馈的时机意识

反馈最需要找准时机，才能更好地促进学生学习的发生和学习状态的持续改进。在我看来，按照不同的时机，反馈大致有以下两类：

首先是即时反馈。付出期待回报，这是人之常情。学生学习也是如此。如果学生的努力得不到及时、有效的反馈，就容易产生学习的虚无感和挫败感，继而会怀疑自己的学习能力。

在生活中我们经常能够感受到嗑瓜子容易"上头"，其中的秘密就是嗑瓜子这一动作带来的"即时反馈"。拿到瓜子，精准嗑开，响声清脆，咀嚼时散发出的香味瞬间进入大脑，整个过程自然连贯。就这样一颗一颗嗑下去，你参与其中的每一个小动作，都有明确的反馈奖励。不知不觉间，一大堆瓜子变成了壳，而你还觉得时间过得特别快。试想如果嗑瓜子没有声音，没有香味，没有小小瓜子肉可供咀嚼，我们是否还是如此欲罢不能？

按照心理学的说法，这种"欲罢不能"其实就是处于一种心流状态，而深度学习的重要标志就是学生学习状态的投入。

同样的道理也体现在电子游戏的设计中。游戏者做出的每一个动作，都会有即时的、相应的反馈和奖励，更重要的这些反馈和奖励会累积起来，让游戏者不断升级，不断拥有新设备和解锁新技能，在游戏者持续不断的行为输出中增加游戏角色的英雄光环。

这种因即时反馈带来的行为改变，特别是心理上的沉浸感，值得我们深思和借鉴。

教师在课堂中的即时反馈还意味着这是一种即兴教学，蕴含着强烈的随机性和不确定性。

"即兴教学是针对当下或现在的教育时机开展行动，如果错过了这一时间'点'，就失去了机会。在复杂的课堂环境中，这个'瞬间'何时出现、呈现什么样态都是未知的、不确定的。因此，即兴教学的发生时间、实施途径等都具有不确定性。……因此，即兴教学因人、因事、因境而异，须随着时间的推移不断调整，这决定了其不可能是一种固化行为，不是从'教学工具箱'中选择已有的'工具'，而是利用实践智慧，超越已有的教学模式，整合当下教学情境的各要素，变异性地重构教学内容、方法和手段。"[①]

即时反馈最考验的是教师的倾听素养、思维敏捷度和语言修养。如教师要尽量避免大篇幅语言，尽量使用简洁有力的、带有一定正面情绪色彩的语言，以保证课堂对话和学生的思维不因为教师话语的长时间切入而造成流转阻碍。

笔者曾多次在现场学习观摩几位语文大家的课堂，除了文本解读，我

---

① 程建坤. 即兴教学化解确定性教学困境的可能与实现 [J]. 全球教育展望，2021（4）：45-54.

印象最深的就是老师们的瞬间回应和反馈——或切中肯綮、点到为止，或旁敲侧击、隔岸观火，或投石入湖、抽丝剥茧，种种功能形态交织，现在回想，的确可以用艺术形容。

写到这里，我特别要说的是即时反馈对于学生花费了大量精力的学习成果和过程特别重要。简单地说，反馈的当量要与学生的付出相匹配。

比如语文教学中的写作教学是个老大难问题，其形成的因素自然是综合性的。但从笔者的经验看，学生写完作文后，教师长时间不批改、学生长时间得不到反馈是教学层面的一个关键问题。

要让学生提升作文的能力和兴趣，最直接有效的招数就是学生完成后尽快提供有针对性的反馈。从我自己的教学经历和经验看，如果有可能，作文批改尽量当堂、当天完成，如果一两星期后批完作文，我可以肯定地说，学生的作文意义感已经所剩无几了。我们从另一个角度看，因为传统的作文批改和反馈方式的大工作量，也就意味着要倒逼教师的批改和反馈方式持续优化。

成人世界反复唠叨的所有道理学生都懂，但对于当下的学生来说，那是远方的事情。如果长期感受不到当下的、即时的、具体的、有价值的反馈，学生不可能会为之投入生命和热情。

其次是延迟反馈。我经常觉得课堂就是一条小溪，如何让其越流越宽，越流越深，越流越丰富，我想教师作为引导者，其及时介入和适时退出都考验着教学智慧。特别是少讲精讲、延迟反馈更考验着教师的课堂敏感力。在我关于语文课堂深度学习的理解里，延迟反馈有着无可替代的价值。

比如当学生吞吞吐吐、语焉不详时，教师不要急于出手点拨，首先应让学生把话讲完。这样的表达状态其实正说明学生处于"学习区"。按照维果茨基的说法，这是典型的"内言"大于"外言"。

更多的时候，教师要注意的不是每一位学生发言后都要点评和反馈，尤其是当学生的学习状态开始投入，学生之间对话开始形成、思维开始衔接时，教师要多运用延迟反馈，"让子弹飞一会儿"，以保证阶段性学习事件的丰富性和完整性。

另外，我们的课堂的确存在大量的因教师不合时宜的语言反馈，而导致学生之间的对话和思维的流动切断的现象。我强烈建议教师要成为课堂对话的串联者和编织者。

为了避免过多的语言反馈切断发言者与倾听者的思维之流的衔接，教师还可适当辅以一些身体语言进行反馈和衔接。

对于大部分学生来说，倾听的切换能力并不成熟，教师要有意识地减少倾听阻碍，帮助学生优先学习倾听同学的发言。比如当一位学生发言后，教师可不做任何言语上的回应，直接请下一位学生进行表达，通过学生这一层面的衔接，创设倾听同学的发言，比较、联系、调整自己的思考的机会。尤其到课堂的后半段，教师更要有意识地退隐，给学生更多的相互倾听、相互启发的时空和机会。

所有的生命成长，都需要个体自己真实而完整的努力。就如小鸡出壳，没有挣扎，何来生命的健壮？课堂学习也是如此。简单地告诉和暗示固然简单，但这样的知识答案恰如沙漠中的沙砾，难以构筑任何系统，或者说难以成为系统中的一部分。

最好的参与是思维参与，最好的对话是基于深度思维的对话。延迟反馈无疑就是一种饱含期待、具有战略思维的教学智慧。

二、聚焦学习的靶向目标

控制论的创始人维纳曾经说过："一个有效的行为必须通过某种反馈过程来取得信息，从而了解目的是否已经达到。"

好的课堂系统应该有比较清晰的目标，其中包含对内容、过程、学习达成度的一定的规定和表现。从本次义务段课标修订的情况看，其中一大变化就是呈现课程学习的"教—学—评"的一致性。这一重要理念必然会深刻影响课堂的日常运转。但在课堂对话的过程中，反馈不能只停留于简单的、事实层面的评价。

反馈要能引领学科事实性知识的上升，要能关注具体知识的结构性关联，在认知和思维上抵达更上位的"概念"或"观念"。

反馈要能超越学科知识本身，给予学习方法的引领和思想性点化，从而提升学生认知、思维、精神的海拔。

一位小学语文优秀教师在教学《刷子李》时，向学生提问"刷子李是个怎样的人"。学生的回答高度趋同，认为他是一个粉刷技艺高超的人。从笔者的经验来看，这表面上是一个学生"一读便知"的问题，但显然教师的提问目的不在于此，只是因前置语境的缺乏和提问的话语框架的模糊，导致学生的回答窄而浅。

这位老师话锋一转，顺势问："那么，刷子李刷墙的技艺为什么可以这么高呢？请大家再读读课文。"学生在细读文本、协同对话后，形成了多元的合理解释：

刷子李喜欢挑战自我，所以他的技术能不断进步，最后成了刷墙高手。

刷子李对自己刷墙的要求太严格了，还经常让别人监督，让自己无路可退，所以才有这样高超的技艺。

刷子李太细心了，如果心不细的话，刷墙时粉浆不可能不落到身上。还有，刷子李如果心不细的话，也不可能发现曹小三心里的想法。

当学生的思维搁浅、学习目标的达成受阻时，这位教师没有流露任何不满的评价，而是及时"破冰"。学生之所以能走向文本深处，其主要原因就在于教师的这一追问式反馈。可以说这是教师课堂中学习目标意识的生动体现。这一反馈把学生引向了对整体文本的关注，支持学生根据阅读经验和生活经验对刷子李进行了丰满而立体的形象建构，在文学审美中有了生命精神的渗透。

在课堂深度学习建设中，好的对话反馈不是结束，而是在纠偏中诱发和推动下一轮学习的开始。学生就是不断地通过接受和利用反馈进行反思、学习、调参，从而不断地逼近课堂学习的核心目标。

可以说，教师的适切反馈是推动课堂深度学习、促进学习目标达成、丰富学生学习意义感的重要杠杆。

三、坚守反馈的正向激励价值

每一位教师，面对课堂，首先要想清楚以下重要问题：课堂中有哪些要素在推动学生学习的发生？哪些要素会制约学生的学习发生？面向未来的学习生活，学生需要具有哪些关于学习的必备素养和关键能力？

深度学习就是在真实的具有挑战性的环境里，挑战和重塑自己大脑的过程。对于学习者个体来说，正向情绪和认知、思维水平同样有着核心价值，以至于有人认为，教师其实就是情绪劳动者。

从表层看，反馈是对学生学习认知状态的判断、引导、纠偏。从深层看，反馈还应当能够调节学生的学习状态，唤醒和激发学习动机，特别是驱动学生专注于倾听和回应的学习情绪变化。

课堂中受到冷漠对待的学生，会以消极的态度对待学习。而那些受到激励的学生，则会诱发出一种向上的激情，会向教师所期望的方向进步。

在我看来，课堂有线性和非线性两种形态。在线性的课堂里，教师以得出问题的正确答案、按时完成教案为追求，课堂中的反馈大多呈现"某某说得对不对""还有什么别的意见吗""请坐，再请下一位同学"等切断性话语，意在将学生的思路导向教师预先设定的线路。而非线性的课堂里，教师会尽其所能创设一个相互倾听的课堂学习场域。在这样的课堂理想里，每一个孩子都能够安全地、轻松自如地交流和对话，展现每一个孩子的"学习光芒"，并让这些"光芒"在教师反馈和串联下相互支持、相互交织。

学员梁春萍老师曾经撰写过这样一个案例：

教学 d、t、n、l 与带调单韵母相拼时，我调动学生已有的生活经验进行拼读。如拼读 tú，我问学生：你在哪里听过 tú？

筱野同学回答："涂色的涂。"

我转向大家："筱野说了什么 tú？"

大家回应："涂色的涂。"

我继续："这个 tú，刚才没想到的同学请举手。"

很多同学都举手。

我肯定："筱野同学，让这么多同学知道了'涂色的涂'，谢谢你。"

我再次重复："筱野同学说——"

所有同学接："涂色的涂。"

后来，梦阳同学还说了"图画的图"，昕雯同学说了"徒弟的徒"……我都让学生来接一接——梦阳同学说……昕雯同学说……

当我们拼读 tè 的时候，上课一直走神的梓涵同学举手了。她说："特警的特。"我和大家又重复着："梓涵说——特警的特。"这一刻，她不好意思地缩起了脖子，抿着嘴笑了。

一个多月来，她第一次在课堂上露出了这样甜甜的笑。那笑容里，仿佛集中了平时飘散的所有注意力。

后来，许多同学还说了"特别的特""模特的特""奇特的特"，她一直专注地看着同学，跟着我们说。

最后，课堂还涌动起一段小交响：浩瑞同学突然说："特斯拉的特，特斯拉是一种汽车。"这么一说，有几个同学居然说"我也知道"，但大多数小朋友一脸茫然。

我希望浩瑞同学来介绍一下他心中的特斯拉，就邀请他："好多人不知道哦，你能说说特斯拉吗？"

浩瑞同学说："特斯拉是一种电动车。"

又一个小朋友叫道："我们家也有电动车，妈妈早上带着我来上学。"

浩瑞同学回应："你说的电动车是两个轮子的。我说的特斯拉是电动汽车，是四个轮子的。"

我作了一点简单的补充："特斯拉是美国品牌的电动汽车。我们中国也造了好多电动汽车。以前的车需要加油，现在的电动汽车是充电的，这样空气就少了很多污染。"

我再次肯定："谢谢浩瑞同学，让我们知道了——"

大家接上："特斯拉的特。"

这个案例就是一段生动的学习交响。梁老师最主要的做法就是在反馈中突出课堂思考成果的贡献者。通过响亮地叫出他的名字，让思考者的名字被放大，被他人听见。同时学生的思考成果也被放大，被大家学习，发挥了更大的价值。这是低年级语文课堂"学习效能感"建设的生动案例，体现了深度学习视域中教师反馈的教育哲学：教师在反馈中特别需要真诚肯定学生的思考对他人的价值，激励学生成为课堂的持续贡献者。

读这个案例，我的耳畔响起的是苏霍姆林斯基在《给教师的建议》一书中的名言：

"请记住：每一个儿童都是带着想好好学习的愿望来上学的。这种愿望像一颗耀眼的火星，照亮着儿童所关切和操心的情感的世界。他以无比信任的心情把这颗火星交给我们，做教师的人。这颗火星很容易被尖刻的、粗暴的、冷淡的、不信任的态度所熄灭。要是我们，做教师的人，在心里也像儿童对待我们那样，把无限的信任同样地给予他们就好了！那将是一种富有人情的相互尊重的美妙的和谐。"

"请记住：成功的欢乐是一种巨大的情绪力量，它可以促进儿童好好学习的愿望。请你注意，无论如何不要使这种内在的力量消失。缺少这种力量，教育上的任何巧妙措施都是无济于事的。"

四、提升反馈的串联编织功能

国际著名教育学者、"学习共同体"理论的创立者佐藤学先生提出，课堂要把学生和客观世界串联起来，把学生的思考和文本串联起来，把学生和学生串联起来，把学生的现在和过去、未来串联起来，把学生当下的思考和先前的思考串联起来。

上述梁春萍老师缔造的课堂场景里，我已经可以清晰地看到学生当下的学习和生活的串联，发言的学生和其他学生的串联，学生当下知识与先前知识的串联。

在线性化的课堂里，当一位学生回答完问题，就意味着他的学习任务告一段落。当有学生回答出问题的正确答案，就意味着这一学习环节的基本结束。在笔者20年来作为教研员的听课经历中，我发现在以完成预设的教学内容为优先、得出正确答案为优先的课堂里，基本呈现线性推进和高速滑行的样态。比如不少同学可能根本没有听清、没有理解发言者的发言内容时，教师的教学已经进入了下一个环节。在教师"教过就应该等于学会"的思维惯性里，课堂必然会出现"浅表性学习""夹生性学习"等问题，一些学生因此而成为课堂的虚假学习者。

为了尽量避免课堂发言者与倾听者之间的孤立和隔离现象，让同学真正成为"同学"，教师需要在给发言者的反馈中渗透串联和编织的功能。哪怕是学生在课堂中提出问题，教师也不要急于去回答，正确的做法是第一时间把这个"问题之球"抛给学生。比如：

"这的确是个麻烦，大家来说说……"

"我想听听大家的想法……"

"我也一下子说不清，你们可以试试看吗？"

这样反馈能把学生与学生之间串联起来，让他们产生应答性的学习关系。不要怕学生答不到点子上，只有经历过磕磕绊绊的过程，才会有从纤细到涌动的学习交响。

给学生不断拓展自己可能性的机会，让他们逐渐感受到自己学习的向上力量。这就是课堂深度学习的"效能感"累积。这种因学习力累积带来的对学习的掌控感和成就感是人生中的任何力量都无以替代的。

"你永远想象不到，为了解锁成就，人类可以主动到什么程度。"解锁成就，是一个游戏用语，大概意思就是，踏上下一个荣誉的台阶，并能让其他人都看见。

如果大家对某件事情不积极，也许原因不是对事情本身的认识不到位，而是事先没有设定好足够的"荣誉台阶"。请注意，这不是在说要有荣誉，而是在说，要设计很多那种一抬腿就能踏上一级，而且还能往上无穷伸展的"荣誉台阶"。

教师通过反馈，根据目标和学习状态调整学生的思维，以便学生能够更深入地了解自己的学习，将自己的行为与结果联系起来。要引导学生自主解决问题，不断登上学习的"荣誉台阶"。

我由此想到我一直提倡的课堂深度学习的价值追求：培养学生成为可持续的、可自我迭代的终身学习者。

现代意义上的课堂教学，就是要支持学生自主学习，支持学生更好地学习。反馈是课堂系统中的关键组块，我们必须有更细致的观察和更深度的思考。

在我看来，反馈某种程度上就是为学生学习提供了一面镜子，以促进学生自我反思、自我解决的发生，并提升自我效能和自我调节的能力，从而持续推动学习认知和思维的登攀。

　　从这个意义上来说，课堂中教师适恰的反馈就是给学生学习最基础的支持力量。

课堂小组学习的重构与迭代

合作学习是现代课堂的重要学习形态。2001 年开始的第八次课改首次提出了倡导"自主、合作、探究"的学习方式。小组学习是合作学习的一种重要形态，但在第八次课改之初，不少学校和教师简单地认为"合作"就是"小组合作学习"，以至于当时的"舞台课"以及各级各类赛课，必然会安排上小组合作学习的环节。如果没有安排类似的学习活动，这堂课就会被认为没有体现出课改精神和理念。

历史的进步总是在反思、学习和改进中发生。毫无疑问，当下的教育界对合作学习、小组学习已有了更为本质的认识和更加精准的把握，不少学校和有识之士也在课堂中进行了许多探索。

但从笔者近年来的听课调研的情况看，我们课堂中的合作学习，尤其是小组学习的运作仍然存在很大的问题：课堂中的小组合作学习是一种"浅合作"或"假合作"，导致这一学习活动低效、无效，甚至负效。主要表现如下：

一是小组学习流于形式，由于教师缺少策略的指导和学习文化的培育，小组学习只是简单的围坐与讨论。

二是小组学习任务缺少思维的空间和弹性，缺少合作探究的价值。

三是小组学习只是在相互说，缺少建立在相互倾听之上的相互学习。教师可能会以为讨论得最热烈的小组是小组学习最好的小组。但研究表明，讨论得热烈、声音很响的小组，思维往往难以深入和登攀，真正的深度的思考难以发生。失去相互倾听，小组学习就是一盘散沙。

四是小组学习过程中话语权不平等。据笔者团队的观察，大量的小组学习都由教师指定"组长"等角色，学习过程中形成了"组长"等学优生掌控小组学习话语权的现象。学习过程中主要是学优生在大声发言，在作判断。相对弱的学生对表达信心不足，甚至处于旁观者心态。

五是小组学习展示过度关注优秀学生。因为传统课堂天然的竞争文化，为了本小组能被老师表扬，小组学习成果的汇报也习惯性地主要由"组长"为代表的学优生承担。在这一过程中，其他学生基本成为"沉默的大多数"。这样的小组汇报成果过程中缺少相互倾听和补充回应。小组间的汇报成为孤立的学习事件，而非相互衔接、转化、创生、提升的学习之网。

审视小组学习存在的各类问题，迫切需要我们进一步厘清课堂小组学习的内在肌理及学习的发生机制，这能在一定程度上打破课堂实施中粗糙理解、粗糙操作的局面，为教师更细腻、更精准地指导学生小组学习提供依据，为课堂深度学习建设提供另一个维度的支撑。

在笔者看来，当下的小组学习迫切需要从以下几个维度实现共识性理解，并在此基础上进行相对系统的架构和建设。

一、以互惠性重塑小组学习的关系

互惠意味着互学，这是现代课堂存在的哲学基础。

相互说不等于相互学。只有建立在相互倾听基础上的相互表达，才能发挥小组学习的价值。

在具有相互倾听文化的小组中，无论是学优生还是学困生都会敢于把自己细微、模糊、不确定的想法讲出来，这是深度学习发生的基本表征。

在一场小组学习中，每一位学生都要能够感受到彼此相连的关系，每一个人的努力都是不可少的，而不是"搭便车"的角色。

这就需要具有小组责任与个人责任的"双重责任"意识，既意识到小组的最终呈现成果有自己的责任，同时意识到自己的作用又是独特的。

面向全班的小组成果汇报交流同样需要体现互惠性。

在笔者所经历的课堂现场中，我看到的更多的是"报幕式交流"：小组代表各讲各的，组与组之间缺少互动联系。其问题的根源主要在于教师的评价反馈只关注小组现有成果，缺少成果之间、学生之间的串联意识。

改进小组"报幕式交流"这一问题，在笔者看来，其基础仍在相互倾听、主动回应的课堂文化。从具体的而操作上看，小组的成果交流可分为两个阶段：

一是小组代表交流后的组内成员补充。

二是该小组交流完毕后，其他小组成员在其基础上的评价、补充、提问、质疑……

在我看来，良性的学习历程应当是一条可适当预期的，越来越宽阔、越来越深邃的河流，而不是一个一个随意出现的孤独山丘。

不仅是小组学习，课堂学习关系的本质就应该是寻求合作、相互启发的关系，这也是"学习共同体"对于课堂建设的价值和意义。

二、以民主性建设小组学习的文化

小组学习的基础首先需要情感的相互连接，和谐温暖的同伴关系是课堂深度学习的重要保障。如笔者的一位学员所言：没有喜欢，何来"同学"？从这个意义上说，任何让组员感到不适、感到不安全的问题都是小组学习的阻碍。

比如设定组长，从教师的角度看，可能是为了有序和效率。但从笔者团队的实践看，组长类的领导角色设置在小组学习中弊大于利。

比如教师一般都让学优生担任组长，其风险就是这样的指定会诱导出这一角色"居高临下"的权威性，进一步导致组内学习的阶层分化。

从我们的观察看，导致小组学习最后变成优秀者的表现与展示，主要原因就在于以组长为代表的学优生控制了小组内其他成员的学习活动，"霸占"了小组学习的话语权，最后使得"合作"分崩离析，徒有其表。内敛的、不善表达的学生和学困生彻底成为旁观者。

从笔者团队的学习和实践看，小组"领袖"的角色定位为"主持人"比较合适，其角色定位应当和记录员、计时人、汇报人相平等，且角色的产生应当由小组集体协商决定。同时引导学生隔一段时间就在小组学习中进行角色轮转，保证每一位学生都能经历不同的角色。

深度学习发生的情绪基础是学生感受到平等与安全。只有每一个同学都被充分尊重，才会有平等，才会有安全感。这样的平等和尊重还体现在小组组员的架构上。

原先我们架构小组时习惯性地会考虑配置不同学力水平的学生，学优生和学困生组合在一起，这样学优生能够教学困生，学困生能在合作学习中向学优生学习。但这样的逻辑在现实中并未实现，我们在实践中更多地发现，在小组合作学习的初期，学优生会天然占据小组学习的主导位置，掌握话语权，这会使得思考相对慢的学困生习惯于服从学优生的答案，甚至主动放弃思考。

笔者的一位学员在一次观课后这样写道："经过今天的课堂观察，我才恍然大悟：不能用惯性思维把学优生和学困生组合在一起，而是应该差不多层次的学生编排在一起。只有差不多层次的学生在一起，才会形成平等的同伴关系。合作学习时，学优生会总是占据主导位置，掌握话语权，使得学困生放弃思考，甚至自己的思维被学优生的思维代替。只有在平等的关系中，学生才会有安全感，乐于、敢于把自己的所思所想分享给同伴，也愿意去倾听回应同伴的想法，相互启发，相互学习，获得存在感。"

站在学习者人性的立场去理解，差不多层次的学生在一起的确更容易形成相对平等的小组协同学习关系，学生会更乐于、敢于把自己的所思所想分享给同伴，也更愿意去倾听回应同伴的想法。

这样处理小组的架构，对刚起步的小组学习会非常有效。当然，如果经过长期的培育，班级已具备良好的小组学习文化，小组的人员搭配就可以更加丰富自由，呈现出更多的小组学习可能性。

三、以过程性定位小组学习的成果

笔者在听课中发现，围绕小组学习成果进行全班交流时，往往变成一种表演性的展示，教师也习惯于把点评的重心放在结果是否正确、发言的代表表现如何上，而对小组学习本身与过程缺少关注和评价。

我们建议多一些这样的评价：通过这位小组代表的发言，我发现他们的小组合作学习很有成效；你的发言很精彩，这是你们小组刚才相互启发、相互倾听的结果；其他小组成员思考下对刚才的发言有没有新的补充……

小组学习不是追求正确答案，而要关注过程，关注学生能安全地说出不同声音并被组员倾听，关注学生表达背后的思维形成过程。教师在课堂中要想办法把学生从对结果的关注引导到如何关注学习过程上来。

比如鼓励学生多做批注或笔记，把同学、老师在讨论中生成的好的观点、思路、方法和语句及时记录下来，把别人的认知转化为自己进一步思考的起点。这有助于学生有策略地倾听他人，有方法地提升学习能力。

小组学习的最大价值在于互学，这是学生之间相互交往、相互倾听，实现生命能量相互转化的过程。

四、以规则性保障小组学习的实效

在笔者的调研访谈中，许多老师反映小组学习对于推动课堂深度学习的确具有不可替代的价值，但在现实的教学中很少能见到有价值的小组学习场景。有的公开课上看似精彩的小组学习更像是一种事先排练的表演，而常态课的小组学习总感觉低效、杂乱，很难驾驭。

我觉得老师们反映的是一种实情。坦率地说，我们对于课堂小组学习的研究很多停留在纸面上，一线实践的成功案例所见甚少。一个重要的原因在于小组学习的组织远比个体学习的组织要复杂。

如何提高小组学习的质量？我觉得主要取决于两个要素，一是小组合作学习任务的高质量，二是学生能遵循小组合作学习的规则。规则就是小组学习中对学生该如何做的具体要求。

这些规则涉及小组学习时的组织、倾听、表达、小结、评价等各个方面，比如以下一些规则：

"弱者优先"的规则：判断弱者和强者的标准，不只是成绩，还有性格和习惯，不爱主动发言表达、沉默寡言者即为"弱者"。"弱者优先"其实指的是请组内平时发言比较少的组员先发言。

"虚心倾听"的规则：一人发言其他人注意倾听，以边听边点头的反应表现出虚心倾听的姿态。发言完毕后再回应，可补充、质疑，不重复前面组员的发言。

"一分钟"规则：交流前有准备，发言不超过一分钟，有组内"小沙漏"（计时员）控制时间。

"轻声发言"规则：与常见的小组合作学习的学优者踊跃发言，其他人游离旁观相比，深度学习视域中的小组学习强调交流发言的声音要使本组同学能够听清，但不打扰到其他组同学。

从另一个角度看，小组学习的规则其实可以转化、细化为小组学习的参与技能。技能需要练习，更需要精准的指导。只有如此，小组学习才能有真正的保障。而学生，也能通过小组有规则的学习活动，习得如何与人交往沟通。在解决学习任务的同时，规则、包容、耐心、公正等现代文明素质也在学生的精神世界潜滋暗长。

五、以育人观提升小组学习的教学价值

在课堂深度学习的视域下，教师面对小组学习的组织和指导时，首先需提高观念的水位，需从课堂育人的高度思考小组学习的全部价值。其中不仅包括学生通过小组学习的方式来深化认知理解、提升学科思维、达成学习目标，同时更应看到小组学习全过程的浸润式育人，简单地说就是小组学习育人。

小组学习是课堂对社会生活的真实模拟。如小组学习中谁做主持人、计时员、记录员、小组发言代表等有明确具体的分工，有了分工，才会有责任。这里的责任既有个人责任，还有小组责任。有了责任，才会有担当；有了担当，才会有能动性，才能真实成长。分工的价值和意义不仅在于提升小组合作学习的实效，还在于分工背后有重要的课堂育人价值。

如一位老师在执教小学语文《琥珀》一课时指导学生运用"推论"策略展开学习，其中有这样一个小组合作学习的场景：

自主学习阶段：

组内成员各自完成学习单上的批注，并在书本上画出相关的依据。

组内交流阶段：

生1：琥珀形成的条件应该是"太阳的照射"，请看第六自然段。（生读相关的句子，其余三人听后用OK手势表示赞同。）

生2：我觉得还需要时间，请看第十自然段。

生4：我有不同的意见，这只是说时间过得很快，但是不知道里面是否有昆虫啊。（其余三人都做了一个赞同手势）第十二自然段才是描写松脂球怎么形成的。

生3：我觉得还需要运动，请看第十一自然段。

生2和生4：这也是讲时间啊。（表示出反驳意见）

生4：其实还需要有昆虫才行。

生1：还有气候原因，书上说太阳火辣辣的。

生3：还要有松脂。

生4：还需要掩埋地下，还需要保存，必须受到地下挤压。

生3：为什么必须是挤压？

生1：（见大家争论不下）等会儿到全班交流时提出，让全班帮忙解决。

这是生生互学、充满着思辨性智慧的课堂小组学习的生动场景。从这个案例中我们更可以理解到，小组学习不只是为了得出一个正确或一致的学习结果，小组学习的主要价值在于学习方式本身，在于个体学生能够感受到自己的进步和发展，责任与担当。

人类世界的任何进步都是在遭遇痛点、理解痛点、拆解痛点、疗救痛点的过程中完成升级转型的。大到社会转型、技术进步，小到课堂世界中的小组学习，无不如此。从偏差、粗糙到更精确、完整的理解，从浅表、模糊到更细腻、有力的行动，这是小组学习的进化之道，也是现代课堂不断升级的时代缩影。

"登山型学习"的育人意蕴

在心理学领域，"学习"被界定为基于多元经验所发生的比较持久的行为变化，及对后续行为产生效果的现象与过程。

知识会过时，唯独自我学习力会像滚雪球一样越滚越大。

"教"是为了"不教"。教育的终极目的是促进自我教育。也就是说，今天一切教育的目的，都是让这个孩子能够开始自己教育自己。教师与父母的帮助其实都只是孩子自我教育的前奏和热身。

深度学习对于教师来说，本质上面临着从聚焦"教"转向聚焦"学"的挑战。

教师在课堂中需坚持"学生如何学，会更好"的逻辑，体现促进"学习中心"的战略路径设计。简单地说，要从"目标—教学—反馈"为主的"电梯式"路径迭代为"问题—探究—反馈"为主的"登山型"学习活动。

"电梯式"学习景观的优点是线性、清晰，适合于知识的大规模、复制化的传递。

"登山型"学习景观的特点是适度混沌、创生、差异，适合于个人化的知识学习，具有极高的有机性。

教师要努力在学生和学生之间建立连接，创造一种能够随时互相学习的环境，让学生不断挑战更高层级的任务。学生的学习环境还包括课堂中的课程环境。课程必须与学生的真实社会生活相结合，回应学生的问题和挑战，体现学习的境脉。在可以预见的将来，知识学习的边界会更加模糊，但对人解决真实问题的能力要求必然会越来越高。

怀特海在其《教育的目的》一书中提出了"浪漫—精确—综合"认知全过程理论。"电梯式"学习关注学科知识的层级、分解、建构与进阶，更体现"精确"的要义。

确切地讲，每个人面对的真实生活的问题不是以学科领域划分的，而是跨学科的，以问题和挑战的面目呈现的。我们都很清楚，无论考试分数多高，如果将来不能在真实世界中去解决具体的问题，不能将所学转化为应对现实挑战的方案和行动，那就难以适应不确定的未来。

而对于儿童的学习来说，最能驱动他学习的也必然是裹着"糖衣"的真实任务情境。面对一座学习的"山"，只有选择、合作和自主创造，才能塑造出更精确的工具和路径，不断攀登，看到学习优美的风景。

课堂教育学中有一个基本常识，那就是要"用教材"，而非"教教材"。

教材是静态的，而我们的外部世界处于动态发展之中。从某种程度上说，一旦教材出版，其实就已经落后于时代与生活。从这个意义上来说，教师自身理应是重要教学资源的创生者，把学科知识的呈现与具体学生的生活和生命结合起来。也只有这样，教师才是合格的教材的执行者和转化者。

在一场真实的"登山型"学习历程中，教师既是优秀学生的路边鼓掌人，同时也应是学困生的回应者和帮扶者。

正如苏霍姆林斯基所言："每一个儿童身上都蕴藏着某些尚未萌芽的素质。这些素质就像火花，要点燃他，就需要星火……教育最重要的任务之一，就是使一切天赋和才能都最充分地发挥出来。"

作为教师，要提升自己设计挑战性学习任务情境和高阶目标的能力，让学生通过真实完整的学习历程，在同化、顺应中将新知识与已知概念和经验联系，整合到原有认知结构中，达成对学科新知识与新思维的理解和高通路迁移运用。

"登山型"的学习，每一步都需要学生去亲历，去发现，去寻找"一座山"最适合自己登顶的路径。这是学习的艰辛之路，但也是学习的迷人之处。当学生的学习表现越来越强的时候，教师作为台阶的意义也就彰显了。

从"完整接纳"抵达深度学习

近年来，在和团队老师一起学习佐藤学的"学习共同体"理论、探索课堂深度学习的过程中，我开始强烈地感受到教学过程首先是一个精神关怀的过程。"精神关怀"一词可以说更准确地反映了教育劳动的意蕴，彰显了教师对学生的情感和态度。

在课堂学习中，教师对学生的精神关怀首先表现在对学生的"完整接纳"，其行为映射主要是倾听，以及由倾听开始的系列行为。从另一个角度看，当教师在课堂中有"完整接纳"的意识时，其实就已开始拥有进入学生内心精神世界的钥匙。

在具有"完整接纳"气质的课堂里，我们会看到一个个全身心投入学习的学生。他们的表达可能是断断续续、磕磕绊绊的，也许是突然沉默甚至暂时停滞的，但作为教师，我们要相信学生在此刻创造着属于自己的独一无二的学习历程。无论怎样表达，这都代表着学生此刻认知的世界。这个世界既包括文本，又包括他过往的学科经验和生活经验，以及身处的课堂环境。

只有"完整接纳"，课堂的深度学习才能真正开始。从这个意义上说，学生真的会"教"我们如何进行教学。

2018年，我在一次课堂观摩活动中执教老舍先生的《养花》一课。上课的第一个环节是让学生自主阅读课文，同时思考自己的课前预学单是否需要修改调整。这份预学单我在前一天上午就发给原任老师，傍晚就在邮箱中收到了这些学生的预学单图片。这堂课，我想体现的是通过运用学生基于原初阅读体验的预学单，让教学内容更加精准，从而实现课堂的提速提质。晚上，我在整理分析这些预学单的基础上完成了教学设计。

预学单的第一题是"请简要概括老舍围绕养花写了哪些事例"，并要求学生如果有新的发现就及时改正。

进入交流环节，我问学生：有没有同学刚才把预学单中的答案做了修改调整的？结果课堂一片沉默。

我巡视了一遍课堂，明显地感觉到学生的目光都不想和我的目光接触。于是又再次询问，再次巡视课堂。我目光的前方依然一片沉默，当我把目光收回来，我发现一个瘦弱的小男孩举着手，他在第二排左边座位的最边上。这个男孩对举手并不自信，连手指都没有伸直。如果在"小手如林"的课堂氛围里，我大概率是不会关注到这个孩子的。但现在这位小男孩的出现，无疑是"拯救"了我，让我起码能够和一位主动的学生就这个问题进行对话，至于能够有怎样的生成，我没有任何期待，毕竟课刚刚开始。如果没有这位孩子的出现，我下一步只能采用另外的方式，比如直接呈现我事先准备好的正确答案，让学生自行对照修改，然后进行阐述。

我之所以对其中的细节记得如此清晰，记叙得如此详细，是因为这位男孩成就了我职业生涯中课堂生活的高光时刻，以至于时间过去这么久，我还是想要把它付诸文字留存。

这位小男孩的回答是：我本来写的是"菊秧被砸死了"，现在我改为了"菊秧遭殃"。

这一事件的课文原文如下：

"当然，也有伤心的时候，今年夏天就有这么一回。三百棵菊秧还在地上（没到移入盆中的时候），下了暴雨，邻家的墙倒了，菊秧被砸死三十多种，一百多棵。全家几天都没有笑容。"

《养花》这篇课文我太熟悉了，从我上小学开始，一直在小学语文教材里。我自己担任一线教师曾多次执教，也曾学习过许多名优教师的教学，历来关于《养花》该段落的概括一直都是"菊花被砸死"，《教师教学用书》也如此概括。我也相信全国那么多执教过《养花》的语文教师，不会对于这个事件被概括为"菊秧被砸死"有任何质疑。

坦率地讲，当时的一瞬，我有点蒙：这个同学竟然把正确的答案改了。

后来复盘这堂课，其实我当时并没有听清"遭殃"这两个字。从心理学的角度看，这其实是受我的前经验的影响。因为自己的认知被前摄了，认知带宽已经窄到只知道"菊秧被砸死了"。

　　还因为我是一位教研员，给老师讲课、和老师对话是我的听觉和大脑的优先项。我已经长时间没有真正给小学生上课了，虽然事先做了试教之类的准备，但是自己的课堂听觉和信息处理敏感一定是有欠缺的。

　　这是一堂众目睽睽之下关乎"专业颜面"的公开教学，本来心里多少是有点发紧的，现在"遭遇"这样突发的、挑战性的学习事件，那就是一个"坎"了。这种瞬间发蒙的感觉对于课堂往往就是"致命"的。在我的职业经历中，多次见过这样的课堂"滑铁卢"。

　　听完学生的回答，我在经历了瞬间的发蒙后，脱口而出的是：那你能不能来说说看，你为什么要这样改？

　　教师要善于把"问题之球"抛给学生。我很庆幸自己当时能如此追问，尽管我当时连学生回答了什么都没有完全听清楚。

　　这位小男孩这样回答："我有两个原因：一是'菊秧遭殃'比'菊秧被砸死了'更简洁……"此时我已经听清楚了学生说的是"遭殃"，我强抑制着内心的惊喜，又听到学生说道："二是'菊秧遭殃'比'菊秧被砸死了'更文雅。"

　　我们教孩子学语文，就是要让学生能准确、得体、文雅地使用国家通用语言。我记得当时由衷地向这位学生表达了自己的谢意：在这个问题的回答上，你不仅是我的老师，也是在场所有老师的老师。

　　现在回想，真的要感谢平时的学习和思考，让自己对课堂、对语文、对学习的本质有比较完整的理解和认同。

　　如果我当时没有"完整接纳"学生的本能反应，这位学生这样精彩的思考就无法在课中得以呈现，其他学生对这个学习环节以及语文学习的认知就达不到这样的深刻体验。自然，我有限的语文课堂生活也因此失去了这样值得回味的"高光时刻"。

　　一线课堂中其实有太多这样的时刻，当学生思维的"芽点"出现，如果教师能给予学生包容、接纳与期待，孩子就能更完整、清晰地表达他真实的认知和思维。

学员周叶萍老师执教的《少年闰土》一课中也出现了这样的场景，她在课后叙事中写道：

临下课，我请同学们思考课文第一自然段，为什么多年以后"我"就对这个"月下刺猹"的画面印象最深？这时整堂课表现十分出色的小梦站起来提出这样一个问题："'其间有个十一二岁的少年'，这个少年是谁？"

这时边上有老师提醒我该下课了，瞬间我的注意力游离了，倾听处于松懈状态。当时我心里开始质疑，这个阅读能力不错的女孩，今天怎么会问这么幼稚的问题？

还没等我发话，小张马上站起来为她解释："课文第二自然段第一句话清楚地写着：'这少年便是闰土。'"全班同学几乎都认同小张的话，小梦坐下不吭声了，我见下课时间也到了，就匆匆下课了。

在接下来我主持的评议环节中，我把这位小女孩的问题抛给了大家："最后，那个女孩提了一个问题，她究竟想问什么？请注意这位学生整堂课表现都极其出色。按常理，她不可能会在课快结束时来提这样一个文章中就写着答案的问题。"

在我对课堂的理解里，一切学习关键事件的背后呈现的一定是学生认知的全部世界。这位出色的小女孩的问题一定有其背后的深意。

周叶萍老师在后面的叙事中写道：

怎么办？"漏网之鱼"可以补救吗？我知道，大部分学生也跟我一样，没有真正理解小梦的问题，想当然认为小梦遗漏了"这少年便是闰土"这句话。

想了一天，我真的不想让这条"鱼"漏了。第二天早读课上，我询问大家是否还记得小梦昨天的问题。小梦再次说完她的问题，我饶有兴趣地说："小梦是真的漏看了'这少年便是闰土'吗？还是有什么新的想法？这十一二岁的少年到底是谁？"

我让大家再读读文章，品味一下"我"眼里的闰土，一起"反刍"。

思考片刻，大家小组交流后分享。许多小组感受到这个十一二岁的少年不仅是闰土，而且住进了"我"的影子。与其说是回忆"闰土"，不如说是描绘"我"内心里闰土的样子罢了。

我让小梦谈谈她的想法，她却说出了不一样的观点："这个十一二岁的少年，其实就是所有像'我'一样生活在城里的、渴望自由的人，包括现在的我们。鲁迅是在借这幅画面为千千万万的'我'发声，希望都能获得自由。"

当周叶萍老师通过这篇课后叙事告知我后续时，小梦的回答真的让我叹为观止！《少年闰土》是小学语文教材中的经典名篇，很多名师都上过这堂课，尤其是我们绍兴籍的小学语文名师，包括我自己，当时在学校时也是凭借这一堂课开始被业内同行认可。但我相信，我们很多老师，包括我自己，在这个问题的认知上都不如这个孩子。而这一切，都来自周老师的"完整接纳"，来自周老师在"漏网"之后善于"补网"的教育智慧！

当我提笔回想这样的课堂经历时，油然而生的是对课堂的敬畏之心！

只有善于倾听的老师才能真正引领学生走向深度学习。一位善于倾听的教师不会去区分"好的发言""坏的发言"，而首先是不折不扣地全盘接纳。因为"每个学生的观点都是不可替代的"，每个学生的表达都是当下他认知的全部世界。教师只有在课堂中源源不断地输出不以"能力高低"为前提条件的信任，才能创造一个润泽、安全的学习环境，才能让每个人都能自主发现，安心表达，积极试错。

这样的课堂，可能没有所谓的"高潮"，但看似平静的课堂底下却涌动着纤细的、丝丝入扣的学习交响。

在我看来，"完整接纳"学生不仅是教学智慧，其实更是课堂伦理！这是对课堂中学习者人性的尊重和发现。对于具体的课堂教学来说，其育人价值超越学科本身。

第四章

培育课堂的学习生态

CHAPTER 4

第五章

重建课堂的研究范式

追寻润泽的课堂

曾读到一句话："教师和学生在同一视线上相互交换目光的关系是教育的基本。"我深以为然。

我们研究和改进课堂，需要理解到人际关系就是课堂的土壤。土壤好了，各色种子自会发芽成长；土壤不好，再好的种子也会枯萎、长歪。

教师是课堂的人际关系建设的决定性因素，其核心是倾听素养。教师倾听学生的发言，某种程度上应该有一种"虔诚"的心态。

我确信教师对孩子的尊重是从眼睛中流露出来的，而不只是靠外在的语言。

我们习惯于把教师的要求置于学生本源性的需求之上，按照佐藤学的理解，这是一种外在的"勉强"。

只有学生将教师作为亲密的倾听者，他才可能拥有安全感，才会自由地表达自己的所思所想。

教师的倾听还蕴含着等待的力量，等待学生找到自己，发现自己，生长出自我向上的力量。

自立是人走向生命自由的必由之路。每个人都要有机会、有能力为自己的行为负责，为自己行为的结果负责。人之所以伟大，就在于其从本能上都希望自己是自立的、自由的强大生命体。

教师的倾听更是一种示范。这样的示范，不只是外在身体的动作，而是由内而外地对学生的尊重与接纳。

好的课堂人际关系应当包含爱、分享和对话。

深度学习的课堂需要在场者心灵与心灵的呼应和共振，需要教师以

"爱"为空气，去呵护、引领学生的成长。

从另一个维度看，我们还要理解到高手教师最重要的精神底色是对儿童成长的迷恋和热爱。

佐藤学先生在《教师的挑战》中有一段描述：胜沼老师每走近一个儿童的身边，就弯着腰以同等高度的视线倾听他们的发言。更特别的是，他与每一个发言儿童的距离并不相同。对需要帮助的儿童，他站在触手可及的地方，而和那些已经习惯发言的儿童，则会稍微拉开一点距离。为此，他常常穿梭于黑板与儿童之间。

教学行为的细腻呈现的不仅是"爱"的纹理，更是教师精准理解课堂现场的专业力。

教师在课堂中对学生学习状态的敏感，是对学习者最有力的支持。

一位教师在课堂中对一位平时很少发言、极度缺失自信的学生这样说道：你的想法很特别，请站直，让大家都看见你。

一位学困生在自己的作文中这样写道：小组竟然让我代表来发言。我没想到能在那么多人之前发言。竟然还有人给我鼓掌了。我都快落泪了。

但遗憾的是，我们当下大量的教学现场过多地关注学生的展示，特别是学优生的展示，而忽略了学生相互倾听的培育；过多地关注小组讨论达成的共识，而忽略了对每个个体不同见解的收集和串联；过多地鼓励让优秀学生去教别人，而忽视了激励学困生去主动请教的勇气。

同样，对于理想课堂的追寻，我们要果断放弃对课堂进展中戏剧性高潮的执迷，去努力追求纤细的、丝丝入扣的学习交响。我们必须诚实地理解，课堂中微观层面的互动，才决定每一堂课的真实模样。

在深度学习的视域里，教室中的每个学生本身就是丰富的学习信息源，就是课堂的阳光、空气和水。教师最需要做的是在搜集、筛选和整合中去不断地把课堂引领到更广阔的思维地带和认知高原。

而这一切发生的基础，我认为都源自课堂中相互倾听的学习文化和人际关系。

对于好的课堂，我认为最为诗意而精致的形容就是"润泽"。在中文的词语世界，我再也找不出这样一个词汇来形容教与学的美好样子。

没有喧嚣，没有用力过度，学习的伟大改变在课堂里静悄悄地发生。在这样的课堂里，所有人都能感受到生命成长的历程是充满活力和奇迹的。

"润泽"经常让我经常想到"天街小雨润如酥"的早春，在一间间教室里，人的精神生命因课堂、因学习而又一次获得新生。

努力看见每一位学生

在课堂里，教师决定着课堂的学习生态。

我们的课堂经历过以"教师为中心""教材为中心""课堂为中心"的凯洛夫教育学的洗礼。直到今天，从教师的"教"出发，维护课堂的"师道尊严"，仍旧是许多教师的习惯性思维。

课堂学习生态的改良需要从"粗颗粒度"到"细颗粒度"。教师作为课堂生态的缔造者，需要尽力看见每一位孩子，看到每一位孩子的学习历程，体贴每一位学生的学习困境，并尽力给予支持。

比如：任何一位在教室的教师都需要知道每一位孩子的姓名，并把这作为教学准备最基础性的工作。一位在课堂中不能随时叫出孩子姓名的任课教师是有遗憾和缺陷的。

深度学习只能发生在支持其发生的课堂生态之中。只有教室有温暖的人际氛围，我们的教学才能穿透知识的表层，进入价值观和关键能力的内层；学生才敢于去挑战冒险，才敢于向更优秀的自己发起挑战。

凡是进入课堂的教师，都需要把建设、涵养课堂学习生态作为最重要的任务。

今天我们倡导"学科教学"到"学科教育"的转型，不仅在于发现学科知识、能力之外的育人功能，还在于获得学科知识、能力、素养的过程性体验。这样的体验是综合的、一体的，其中既有学科带来的认知冲击和吸引，更有作为人在群体中学习的存在体验。

学习的过程体验就是课堂学习生态建设的核心。

学生有差异，学生有潜力。尊重每一位学生的差异，激发每一位学生的潜力，这是课堂深度学习的价值与使命。在课堂深度学习的探索与实践中，我愈来愈认识到教师倾听素养在其中的极端重要性。

约翰·杜威认为：耳朵与生动的、开拓进取的思想和情感的联系，比眼睛紧密得多，也丰富得多。视觉是个旁观者，听觉则是个参与者。

倾听的本质是"自我"与"他人"的关系确立。

德国存在主义大师马丁·布伯认为："相互性是人们关系的本质性特征，可以称之为'之间'，我们生活于相互作用的万事万物中。""'自我'是不能独立存在的，需要有'他者'的参与才显得完整，才能凸显生命的价值和意义。所以，人活着必须与他人进行对话，必须与世界和自然进行对话。"

他还强调，"对话"既非"交谈"，亦非"独白"，因为它们都缺乏"包容"关系和"倾听"状态。人只有在真正"倾听"的时候，才会步入一种真实的领域——"之间"的领域。

教师的倾听不只是做出一种姿态，从本质上讲，需要努力从内心接纳每一位学生。

好的教学不会是"大水漫灌"。教师需尽量控制课堂中的群体性问答和回应。能激发学生能动性的教学，教师必然在面与点之间有着精准的节奏把控。

这意味着教师要投入地回应每一个学生，把每一个学生纳入自己的注意范畴，着力与一个一个的具体学生，特别是处于教室视觉盲区的学生开展对话。

这意味着教师要在与个体的对话与回应中保持着倾听和关注全班学生的敏感，不让其他孩子感觉到你的注意力已经在他身上游离。这既需要教师回应学生时点面切换的教学对话技术，更需要的是教师的悦纳和在意学生的悲悯胸怀。

另一方面，教师倾听学生时，需要用语言、面部表情和肢体动作来给学生示范如何倾听。

比如微笑、点头，回复"我明白""是的"等等，这样的回应需要发自内心。一旦让学生觉察到教师倾听时的不真诚和漫不经心，学生就会对教师失去认同和信任，甚至停止对话。还有一点需要说明的是，学生在课堂学习场域中对于这类源自教师的"安全感"的感受，远比成人敏感。

作为教学组织者和引领者，教师的倾听是回收学生学习信息、调整教学策略的关键途径。

高品质的课堂学习无一不是将高品质的人际关系作为基础。在权威与服从关系的课堂中，学生是难以展开以倾听为基础的对话性实践的。

纪伯伦说："生命的意义就在于人与人之间的相互联结。"

如果我们在课堂中愿意看见和倾听，我们真的会发现"学生会教我们如何教学"！

循着学生的需求去寻找课堂变革之路，课堂才会有真正的迭代。而面向学生未来的课堂，从来都应该是人与人之间美好关系的示范！

课堂深度学习中的"共生效应"

　　自然界有这样一种独特的现象：当某一株植物单独生长时，往往显得矮小又单调，而与同类植物聚集在一起生长时，则根深叶茂，生机勃勃。人们把植物界中的这种互相影响、互相促进的现象，称为"共生效应"。

　　比如一堂阅读课，面对文本，个体学生的阅读体验会受阅读经验、生活经验的制约而失于浅薄或片面。但作为教师一定要相信，学生再错误和再浅薄的理解，都有他自己理解的逻辑。

　　如果要想深度学习发生，教师需要先接纳学生如此理解的思维逻辑和理由。

　　我曾在一篇文章中写道：每个人的观点其实都是一种偏见。但这样的偏见很重要，它就像一把微弱的灯盏，这样的灯盏多了，就能照亮我们更多的认知黑暗角落。

　　对于群体学习而言，组织一场课堂的对话交流，它的意义也在此。教师要做的就是创设情境，把个体学生的理解放到群体性的对话中，让学生对同一文本从不同视角进行理解，从而丰富个体的阅读感受，提升群体智能。

　　我们要理解到情境是交互作用的产物，交互作用和流动性是情境的本质属性。学习发生在具体的情境中，情境影响着人及学习，学习中的人创生着连续性的情境。情境化学习是指学习者经历情境中围绕学习主题充分与情境互动而引发经验生长的过程，其强调最大化地利用情境中的信息和因素。情境化学习能够为学生素养养成搭建复杂情境，利于学生自主参与，促进高阶复杂心智的发展，滋养着素养养成。[①]

这里特别要强调的是，如果只是"相互说"、相互呈现个体学习经验，这还不是真正的深度学习。"相互说"的核心必须是"相互学"，而相互倾听则是相互学习的"起跳板"。

从这个意义上来说，协同合作是课堂深度学习的基本组织形态。只有在这样的课堂社会情境中，学习才会有相对充分的碰撞、借鉴、调整和生长，最终实现"冲刺与挑战的学习"。

不少教师向我反映，这样的协同合作比以教师强控制的课堂效率要低，很多时候教案中的教学任务完不成。这个问题可能是深度学习推进中遇到的最棘手的问题之一。

我一直表达这样的观念：我们的课堂本质上追求的不是教科书如何处理，以及教科书知识的传授效率。我们更应该关心的是课堂中学生高品质的学习体验，每一个学生公平而有质量的学习成长。

如语文新课标的课程理念第一条就指出：立足学生核心素养发展，充分发挥语文课程育人功能。从这个意义上说，教科书是我们教学的主要工具和载体，而不是我们课堂的最终目的。

我们还要想到，课堂中学生的每一次阐述，除了学习内容，还有情绪，确切地说是他此刻对于课堂、对于教师、对于同学的全部心理感受。

作为教师，我们需要多提醒自己是"平等中的首席"，"串联"起学生的各类"偏见"，并向学生适时呈现自己的"灯盏"。

由于长期受到竞争性文化的影响，我们的课堂某种程度恰如个体智力角逐和竞争的"角斗场"，越来越多的孩子在课堂中找不到存在感和安全感，甚至慢慢成为课堂中的"透明人"。

课堂的"荒凉感"由此而生。

教师必须学会平衡、融洽课堂中每一位利益关联者的关系，尽力避免课堂只是在与少数几位优秀学生、"教师知音"进行对话。

[①] 于泽元，那明明.情境化学习：内涵、价值及实施 [J].华东师范大学学报（教育科学版），2023（1）：89-97.

佐藤学先生认为，好的课堂就是一个"学习共同体"。好的课堂学习就是一场"交响乐"。课堂中的每位学生都是一把世界上独一无二的"乐器"。

深度学习的课堂理想就是每一把"乐器"都能按照自己的禀赋和特点奏出属于自己的音乐，高低错落，汇聚成个体学习智慧的"交响"。

教师则应当成为那一位洞若观火、穿针引线、具有高度敏感的指挥。

而我此刻最想说的是，好的课堂应当如一片健康的森林，万物在此共生。大树有大树的挺拔，灌木有灌木的茂盛，小草有小草的葱茏，哪怕是苔藓，也能如古诗中所言："苔花如米小，也学牡丹开。"

我们期望课堂中的每一位学生，都能舒展生命，蓬勃成长，这大概就是大自然对于我追寻课堂理想的启示。

建设“关爱弱者”的课堂社群文化

几年前，吉林长春一段关于“长春老人不会微信买菜，哭求超市工作人员”的视频在网络上热传。视频中超市工作人员对这老人说需要微信购买，否则就买不到。老人不懂什么是微信支付，还问到哪去取，老人一脸不知所措的样子让人心疼。作为社会的个案事件，此事最后有了一个圆满结果。

我由此想到课堂中的学困生，他们面对的困境与这位老人何其相似。面对日复一日听不懂的知识，面对一份又一份的试卷和作业，老人在事件中还可以或者敢于多次询问，但是今天的学困生在课堂中又有多少人敢说出“我不懂”。

虽然现实生活与课堂学习是两个处于不同维度的人类生存处境，但我们可以完整探知到的是所有弱者处于困境时的挣扎感和无力感。作为社会的个案事件，我们可以迅速进行处理，并且可以有完满的结果。但面对学困生，教师若要给到相对精准有效的帮助和支持，则要复杂和专业得多。

每一个正常人都生而好学。这是我们这类人得以进化至今的基因。一个学困生，从对学校、对课堂、对学习充满好奇，到在学习的困难面前不断“受锤”，最终失去兴趣，逃离学习，形成了固化的“我反正不是学习的料”的个体自我认知。这种现象的大量出现，需要以教师和家长为代表的成人世界的持续思考和追问。

学力的强弱造就了学优生和学困生，并由此慢慢形成阶层。随着年级的升高，学习内容难度的增加，这样的阶层会被逐渐固化，再难逾越。

正如佐藤学所言：学习形成之处，就是差异产生之处，也是歧视和偏见产生的场所。

从生态分布的角度看，课堂中"鄙视链"是客观存在的。

学困生处于课堂生态位的底层，其学习自尊和课堂存在感是苍白萎靡的。这不仅是因为知识与能力的不及带来的连续困惑和持续迷思，更来自伙伴、教师的忽视、否定，以及自我学习意义感的稀薄和缺失。我们可以肯定地说，这个世界上，学困生一定是最难受的人群之一。

如我们习惯于给课堂小组合作学习进行强弱异质搭配，我们的逻辑假设是学习能力比较强的孩子会带动和指导其他的孩子。但我们观察到的事实经常是强者成为小组学习话语霸权的拥有者，弱者成为小组学习的旁观者和逃离者。

再如一些班级为了提倡"你追我赶"的学习氛围，把学生按考试成绩分为四等来编排小组座位，并按考试成绩的升降来实现组际流动。这样一厢情愿的粗暴做法，事实上是强化了"弱肉强食"的课堂"丛林法则"，是对弱者心灵的次生伤害。

弱者如果有转变发生，一定是从内心开始。课堂深度学习倡导"你有什么不懂来问我，我有什么不懂来问你"这样安全柔和的学习氛围，而不是弱者总处于"被教"的局面。

人性的常识告诉我们，学生唯有感觉安全，身体才会松弛，心灵和大脑才会向外部的未知世界开放，选择、接纳、建构才会主动发生。

作为职业教师，我们还需要不断思考和探索一些支架性策略，以助力对学困生的支持和帮助更加精准有效。

比如不要着急向学生要答案，能多一些期待，让学生缓三五秒钟再回答。在国外关于提问的研究中，这被称为问答的黄金等待期。教师在课堂中对标准答案的执念，会导致对学生的思维驱赶，导致夹生化学习的大面积发生。在学习心理上，则是学习能动性的丧失。

比如为了保障弱者的学习权益，教师还可以设置一些"弱者优先"的课堂机制，在课堂小组合作学习中让平时发言比较少的同学先发言。虽然这位同学最初的发言难以有理想的成果，但接下来他会学习到三位比他优秀的同学的发言，这等于是对该内容又反复学习了三次。

在全班公共发言阶段，我们仍可遵循"弱者优先"的原则，请组内发言比较少的同学优先代表小组发言。在一场规范的小组学习中，一般都会有组员在记录整理小组成员的发言。因为这些铺垫，弱者的公共发言大概率会远超他的原有学力水平。这一方面会提升全班其他学生对他的看法和评价，另一方面也给了教师表扬这位学生的机会和证据。这样的设计，不仅是强化了学困生的学习理解和学力提升，更重要的是让学困生有机会体验到学习的尊严与意义，同时重塑了在课堂社会中的形象。

再如在课堂临近结束的十分钟左右，教师可提醒大家，本堂课未发言过的同学优先发言，以保障弱者能够有更多的机会参与学习。

课堂中关爱弱者的文化，不仅是对弱者的保护，更是形成富有层次和节奏的学习生态的需要，同时也是对全体学生的思想和人格教育。

对于学困生来说，教师要想办法让他们发现自己的独特价值，让他们在课堂的当下就意识到"最微弱的进步就是最重要的进步"。

近年来，我已多次在学员的课堂中亲眼所见学困生令人惊喜的逆袭。我想这主要是源自教师课堂中对学生的真实尊重，源自课堂中基于"学习共同体"的社群文化。

其实不仅是学困生，所有的学生都需要课堂中容错和互学的机制保障。

对于学生来说，课堂是犯错成本最低的地方。学习中的犯错和迷思是真实的常态。正确的知识并不会直接带给学生能力和素养，但因错误而形成的曲折和坎坷的知识获得过程，才能让知识具有黏性，才能让学生实现能力和素养的登攀。

简单地说，获得正确的知识不是目的，或者说只是表层目的，但包括错误在内的真实、完整的学习过程，才是学科育人的价值所在。

容错，应当是课堂天经地义的学习风景。但在我的观课经历中，学生在学习现场主动求援的场面还是见得太少，这里的求援者包括学优生。

作为教师，更要理解到学生表达的就是他理解的那个世界。

教师要让所有的学生明白：在课堂的学习场域里，每一个人的理解和观点都十分重要，他都代表着一个独一无二的人对于这个问题的回应和看法，它会丰富、生动甚至进一步启发我们对这个问题的认知。这既是一种

"宽容异见"的高阶思维，也是一种"从善如流"的人格修养。从大处讲，我们的未来社会也会因为有这样的更多建设者，而变得更加美好。

常识告诉我们，人总是有能力不及的领域。从这个角度看，我们当中的每一个人，都是不完美的人，在某一个特定的领域我们都可能是学困生。

我记得"长春事件"的评论区有人这样评论道：人终有一老，手脚头脑都会渐渐跟不上社会的发展，不要让信息化带来的便利反向淘汰了这群老人，永远不要忘了人性化。

我想课堂也是如此。无论何时，都不要轻易放弃学困生！

课堂从来是为未来的社会准备的。好的课堂永远基于对学习者人性的洞见，永远需要回到"人"的原点进行思考和建设。

今天的课堂的样子，就是明天社会的样子。

从"被动中的能动性"走向深度学习

如果我们去考察学校的缘起，会发现其作为社会大机器的一环，是因为人类的文明需要传递，人类下一代的生活常识和技能需要培养，而逐渐演化成的一种专门教育下一代的机构和场所。

课堂应学校而生，是学校核心功能的主阵地。从这个意义上理解，课堂和学校一样，天然就具有强制性和规范性。对自然状态的孩子来说，身处其中，这是一种相对被动的生命状态。

但正如佐藤学所言，好的课堂学习应当体现一种"被动性中的能动性"。其在《教师的挑战》一书中这样写道：要在教室中建立"互相倾听"的关系。一般的学校为了提高孩子的表达力和表现力，往往会以"言说"的教育为中心。但是在"对话"教育中，"倾听"比"言说"重要得多。无论提出的意见多么活跃，如果不以"倾听"为中心，就不可能改变每个人的认识，就不能让交流更加丰富。与其说学习是一种能动性行为，不如说是扎根于被动性的行为，具有"被动的能动性"的性格。

能动性应当作为课堂深度学习建设的上位观念！

钟启泉教授在《深度学习》一书中写道："深度学习"不是特定的教学方法，而是指学习者能动地参与"主体性""对话性""协同性"学习活动的总称。

能动性可说是推动深度学习的动力源！

从我们的经验看，要引发学生的深度学习，教师要做几件事：一是要理解学生的学情，确定学生的"最近发展区"；二是确定合适的学习内容，即转化教材内容，提供恰当的"学习材料"；三是建设深度学习的生态，帮助学生安全、安心、安定地"亲身"经历学习的历程。

作为学生学习历程的支持者，教师首先需要成为学生学习的研究专家，研究学生是如何学习的，学生学习的内源性动机是如何激发与保持的，课堂中学习关系的安全、学习状态的投入、学习历程的登攀、学习结果的高黏性是如何实现的。

学生学习的启动机制需要激活！

如苏霍姆林斯基所言：学习如果具有思想、感情、创造、美和游戏的鲜艳色彩，那它就能成为孩子们深感兴趣和富有吸引力的事情。

他又指出：学生的很多问题比如厌学、精神不振等都是由于学生没有看到自己的力量和才能所造成的。学生学习的最大苦恼，是看不到自己的学习成果，得不到应有的回报。

无论是学习内容的优化，还是学习成就感的确立，最终都将汇聚成学习的能动性。

多年来对于课堂深度学习的探索，让我深刻意识到课堂必须以学习为中心，改进任何课堂都要遵循"学生如何学，会更好"的基本逻辑。

学习有两种形态：一种是有人教的学习，我们可以简称为"教学"；另一种是自我的学习，我们可以称为"自学"。无论是"教学"还是"自学"，这两者最后的归结点都是学习者的"学习"。

教育界有一句大家熟悉的名言——"教是为了不教"。换句话说，今天我们教师围绕着教材和课堂的所有努力，都有一个终极的目的，那就是让学生拥有强大的、能够随时代迭代更新的自我学习能力。

这是"被动中的能动性"的最好体现，也是课堂育人的终极价值！

课堂深度学习是教师引领的学习关系的编织过程，也是教师在教学过程当中施加人格影响的过程。

在课堂学习过程中，学生最需要的是教师的有力支持！有教师的支持，才会有容错空间，才会有倾听机制，才会有同伴协同，学生才会有安全感，才会有互助、互学、互惠，才会专注地把学科知识与自己的已有经验融合、转化、生长为自己的认知能力、思维方式，呈现出学科素养向好的发展趋势。这是一个正向的学习闭环。

学生能动性构筑的首要责任人是教师！

关于"被动中的能动性"的再理解

再次阅读佐藤学的《静悄悄的革命》一书，对下面这段话特别有感触，摘录如下：

倾听这一行为，是让学习成为学习的最重要的行为。善于学习的学生通常都是擅长倾听的儿童。只爱自己说话而不倾听别人说话的儿童（人）是不可能学得好的。学习，一般认为这是能动的行为，但不应忘记的是，在能动的行为之前，还有倾听这一被动的行为。学习，是从身心向他人敞开，接纳异质的未知的东西开始的，是靠"被动的能动性"来实现的行为。（第59页）

相对于教师教的主动性，倾听对于学生来说，整体上是一种学习的被动行为。往深处想，倾听需要"从身心向他人敞开，接纳异质的未知的东西"。这里包含着两个意思：一是倾听是学习的一种安全的、悦纳的姿态；二是对于课堂生态来说，倾听更是一种共生共长的社会关系。

从我的观课经历来看，以教师和少数活跃学生为主体的课堂还是占据相当大的比例。教师意识不到倾听能力和倾听关系是学习深度发生的起点与基础。部分学生在日复一日的课堂学习中成为"沉默的大多数"，成为"课堂河面"下的不为人知的"暗流"。

课堂不是正确知识的复制粘贴，而是点燃、激发，是师生生命与智慧的不断生长。

"被动的能动性"是以"被动性"为基础的。课堂天然的二元关系是教师教、学生学，教师主动、学生被动，但学生不是通过简单的反复训练就可以获得某种能力的"巴甫洛夫的狗"或"斯金纳的鸽子"。

佐藤学说："我从学生那里知道了一件事情：如果学生愿意学的话，那一定会一直学下去。"

这是学习能动性的秘密。学生有学习的想法才会有真正的学习。

倾听才是深度学习的起点和能量保障。

如李玉贵老师所言："学习不是交流已经知道的东西，而是聆听自己不知道的东西。聆听他人的声音是学习的出发点，也是学习的起跳板。"

倾听蕴含着最不为人知的、最被低估的教育学意义。没有倾听，就没有高品质信息的获取；没有倾听，就难以形成思维的碰撞与交互性表达；没有倾听，完整准确、丰富深刻的学习就难以发生。

要实现课堂学习的"被动的能动性"，教师是其中的关键变量。

课堂是一个常量的时空。在笔者看来，当下课堂中教师最需要控制自己讲述的欲望，提升讲述本身的"专业压强"。教师的串讲分析，要尽力避免随心所欲、空而无当。

课堂学习的终极目的是培养可持续的、能自我迭代的终身学习者。

教师要有意识地在课堂中无痕退出，让学生的学习忙碌起来。在相对从容的、有一定长度的时间里，学生的学习体验和内化过程会相对完整、深刻。

让学生之间因为学习形成相互的倾听，真实地允许学生说出"听不懂"，真实地允许和鼓励学生把话说完，一旦有学生"求援"，更要真诚地作出回应。

课堂深度学习发生的基础是对于他人的思考与见解的关注与尊重，继而引发对自身思考与见解的反省和重构。

在学习为中心的课堂场域里，教师作为课堂社会关系的首席缔造者，其倾听者的角色在许多时候比讲述更为基础。这正是课堂深度学习生态中教师角色的独特与伟大之处。

课堂安全感为什么如此重要

作为教育人士，我们对"马斯洛需要层次论"都十分熟悉。这是美国心理学家马斯洛在 1943 年出版的《人类动机理论》一书中提出的。这种理论的构成根据三个基本假设：

1. 人要生存，他的需要能够影响他的行为。未满足的需要能够影响行为，满足了的不能充当行为的激励工具。

2. 人的需要按重要性和层次性排成一定的次序，从基本的（如食物和住房）到复杂的（如自我实现）。

3. 当人的某一级的需要得到最低限度满足后，才会追求高一级的需要，如此逐级上升，成为推动继续努力的内在动力。

我们重温一下"马斯洛需要层次论"的五个层次，它们依次是生理需要、安全需要、社交需要、尊重需要、自我实现需要。自我实现就是指通过自己的努力，实现自己对生活的期望，从而对生活和工作真正感到很有意义。

比如我现在枯坐书桌前，费心费力要写这篇文章，无非是想让自己的文章能够帮助到更多的大人和学生。所以读者的最微小的肯定对于我都有特别的意义。这样的自我认知、期许以及践行就是自我实现。这是相对高阶的需求。

回到我这篇文章要讨论的主题——安全。安全是第二层次的需要。直白一点说，安全需求其实和生理需求一样，它本质上还是一种动物性的需求。

在我的专业经历和职业生活中，我深深觉得安全感对于学生成长的基础作用，但成人世界在与儿童的交往中往往有意无意地忽视这一基本事实。我们习惯于把知识教得准确，或者说，按照我们觉得最有效的方式去教学生学习，但很少去研究、去关注学生在学习中经历着怎样的精神生活。作为一位学科教师，我们努力地成为学科的代言人，但是我们往往忽略面对的是完整的，又各有差异的学生。

我们的课堂缺乏对学生人性的洞见。

学生不是知识的容器，学生是需要点燃的火把。唯有点燃，学科的知识才会对孩子的经验世界产生"化学反应"。这样的点燃，首先是对学生精神世界的点燃，而安全感正是塑造学生良好精神世界的基础。

我在和老师们讨论课堂时，经常有这样的感叹：对于安全感，学生远比成人敏感。我近距离地观察过很多学生，也积累了大量的学生课堂学习的图片。观察、倾听学生身体发出的缄默语言，我能从很多身体细节中强烈地感受到他们的紧张、不安、抗拒，甚至恐惧。而上课的老师往往并不自知，老师更多关注的是自己的教学进程，关注的是能否在一节课中把教学内容讲完。

课堂上老师一个不合适的眼神或小小的行为，都会给学生带来情绪上的波动。我有时甚至觉得学生的每一个毛孔都能感受到教室周围空气的颤动。如果学生觉得在课堂中感到紧张和不安全，他自然会收起自己与外界联系的一切通道。他会在自己的身上披上"铠甲"，知识对于他现在已经不是第一需要。此刻他的大脑的"带宽"就会受到严重影响，他对于课堂中的学习内容所采取的是"防御"策略，课堂中"一本正经"的虚假学习就这样产生了。

如果遇到一位智慧的、从容的老师给学生上课，就恰如"春风化雨"。这样的课堂，老师的教学语言一定有着极强的沟通感和安全感。在安全的环境下，学生的身姿会渐渐柔和，他的内心会安定，专注力会提升。

我始终相信，学生在安全的环境下才会最聪明。这一定程度可以解释一些平时弱势的或者调皮的学生为什么会在公开课中有出色的表现。不可忽视的一条是老师不会在公开教学中直接批评同学，而让学生在群体面前难堪。公开教学中的老师总是和颜悦色，积极鼓励。

为了进一步说明这个问题，下面我引用 1992 年"全美最佳教师奖"得主雷夫 2012 年在中国访问期间和中国教师的一段对话。

教师：你在短短一年的时间里，开设了那么多的课程，莎士比亚戏剧课程、棒球课程、电影课程、经济课程，你还要花时间带学生去旅游，但是你的学生考试成绩也非常好，对此我感到很神奇，你是怎么做到这一点的？我为了提高成绩，需要花很多时间，我跟你的差距咋这么大呢？

雷夫：我的学生之所以阅读做得很好，不是因为他们准备考试，而是因为他们读得很多，不是为考试做准备。我的孩子对数学有很深的了解，他们觉得考试的内容比他们平时做的容易多了。我的孩子考试成绩好是因为他们是放松的，我在平时会考考他们理解到哪一步，但是我也会告诉他们，如果考不好，会有什么结果，结果就是没有任何的变化，他们不会因为考试不好下地狱，他们的妈妈依然爱他们，我也依然爱他们。

雷夫的"第56号教室"创造了教育奇迹。我翻阅有关他的诸多资料，其核心的经验就是两条，一是阅读，二是安全感。我个人认为更基础的是安全感。

的确，在充溢着害怕的教室里，老师害怕，怕丢脸，怕不受爱戴，怕场面失控；学生更害怕，怕成绩不好，怕当众出丑，怕老师发火。

雷夫在其著作中还说："第56号教室之所以特别，不是因为它拥有什么，而是因为它缺乏了这样一种东西——害怕。可以说，一间教室能给孩子们带来什么，取决于教室、桌椅之外的空白处流动着什么。我告诉他们，真正的考试在十年之后，不是说考试成绩怎么样，而是我在一年中让他们学到了什么生活技能。他们不是为考试而学习，他们是为了生活中受益的知识学习。让他们很放松的时候，他们就会考得很好。"

学生各有自己的禀赋和成长的节奏，但学习进程中的安全感则是他们共同的基础性需要。只有将学习建立在安全的基础上，学生才有可能心无旁骛，各尽所能。

不管我们用怎样的方式，我们一定要让学生在课堂中心神安定，让他忘记学习之外的其他因素，只被学习本身吸引。如此，学习才会在每个学生身上真实地发生，课堂才会成为"学习的交响"。

课堂中学生厌学的理解及改进

学生厌学，是今天学校课堂面临的巨大挑战。

学习需要有好的学习态度，这是每一个学生从入学之初就知道的常识，但为什么依然会有那么多的学生上课走神、打瞌睡、赖作业，极端的甚至逃学？

每一个厌学的孩子都有自己的学习困境，从表面看是听不懂、学不会、考得差，从深层看是学生压力大、成就感低，有的孩子甚至从来没有在课堂学习中体验到过成功的感觉。

更大的问题是学困生在课堂中缺乏有力的支持。面对学习的困境，无从下手、无能为力，最后渐渐放弃，直至对课堂学习麻木。

学生在课堂中对各种空洞的学习要求耳朵听得"起茧"，却反而对各种学习要求有了"免疫力"。

我们总是希望学生遇到学习困难能够迎难而上、百折不挠，在"学习的沙场"上拥有钢铁般的意志，但事实上，这对很多的学生来说，都只是停留于文字的描绘和渺远的传说。

作为成人世界的一员，其实你我也会偷懒，也会情绪失控，也会面对困难"落荒而逃"。成人许多不理智的行为其实都发生在自己以为很理智的时刻。

所以不要苛求学生！课堂学习者的学习态度与其说取决于意志，不如说更取决于课堂社会情境，取决于其中产生的情绪力量。

社会学的常识告诉我们，课堂是一个师生、生生关系和教材、信息技术等或近或远、或稠或疏、或多或少的一个集成系统。

作为一种微缩的社会样态，课堂是为共同利益而形成的教师与学生的学习联盟或者团体。

苏联教育家斯卡特金说："我们建立了很合理的、很有逻辑性的教学过程，但给积极情感的食粮很少，因而引起了很多学生的苦恼、恐惧和别的消极感受，阻止了他们全力以赴地去学习。"

人类的进化史，说到底其实就是一部学习史。群体性、社会性贯穿了人类学习活动。没有一个可以共享共赢的积极的课堂社会情境，学生的学习情绪就难以持续饱满，思维就难以持续攀登，认知就难以持续突破。

如杜威所言，学习本身就是文化性和社会性的过程。这是人类和其他动物最大的差别。

从这个意义上说，课堂不只是单向的知识传授和学习资源的提供，它更是学习者之间、学习者与授课教师之间的关系总和。

课堂的表面是学科内容、知识的流动与运转，但在底部或者说在肉眼无法看到的"暗空间"里，是人与人的关系之网在维持和推动着知识的传授与转化。

如果说是什么在左右着这张关系之网，我认为是现场人们的情绪。无论是学生，还是老师，良好的、正向的情绪是建设教育关系之网的黏合剂。

康德认为："人是一个有限的理性存在，但有无限的可能性。"正向的情绪、积极的心理正是学生走向无限可能性的基础性保障。

从生物学的角度看，课堂深度学习建设首先需要给学生产生多巴胺的机会。作为大脑中的一种神经传导物质，多巴胺对人的情绪影响重大。当人们满足了自己的需要时，通常会产生这种物质。课堂能否让学生从失败走向成功，从一个小的成功走向大的成功，教师能否少些批评，多些鼓励与肯定，都直接关联学生多巴胺的分泌。

我专门查阅了关于多巴胺的资料：人类的祖先在经历了长期的饥饿后找到了食物或发现了猎物时会分泌多巴胺。多巴胺给人的神经元建立了连接，当再次看到那些食物或猎物时会再次分泌。学会了一项新技能、发现了一个好玩的东西、完成了一项惊险的挑战等都会让人产生多巴胺，产生快感。从这个意义上讲，当课堂学习能够有更多的成功体验时，就会激励和促使学生下次还想再经历，从而形成一项多巴胺回路。

这样就很容易解释公开教学中的"学困生逆袭"现象。以笔者熟悉的小学语文公开教学场景为例，我多次见到借班上课中一些所谓的学困生表现特别出色的现象，以至于让原任教师觉得不可思议。对于这个问题，我和教师们做过很多次的分析和探讨。其中的全部奥秘在于执教公开教学的教师特别会宽容、鼓励和表扬。当平时的学优生因为变换学习环境和教师，还在考虑自己的安全感，考虑自己发言偏差可能带来的风险时，一部分学困生因为陌生教师带来的新鲜感而开始想表现一下自己，刷一下自己的存在感。更重要的是在公开教学中不管学生怎样回答，教师一般都会耐心包容、善意等待、积极鼓励，这无疑帮助学困生增加了多巴胺回路，以至到课堂的后半段，越学越精彩。

但遗憾的是公开课结束，回到原来的教学环境，这样的多巴胺回路往往难以持续和加强，学困生基本上还会是那个学困生。

这也促使我们反思日常的教学应当如何改进，才能让课堂中的厌学者回到学习的轨道。

比如我近年不厌其烦地推广倾听。我们原先一直以为这不过是一种习惯，或者说能力。但在我看来，倾听真正的伟大之处在于缔造了人类世界的一种美好润泽的情感关系。

倾听表面上是耳朵能听到相应的声音，本质上是一种相互的、基于信任的情感交流活动。倾听者在倾听过程中需要通过面部表情、肢体语言来回应讲述者，这使讲述者产生一种"他很想听我说话"的感觉。经由相互倾听带来的良性情绪流动，个体间的认知和思维才会不断联结，才会相互生发、协同进化。

无论是教师还是学生，只要是人类，处于一个倾听关系为基础的场域，都会感到被需要、被尊重。个体的意义感因为群体的良好的倾听关系而被反复增强。

一个在倾听关系中学习的孩子，他更会具有自信，他更容易找到安全感和归属感，感受到自己的独特和不可替代。

我们从大量的学校教育现场可以看到，一个经常被教师、同学倾听，有着积极心理的孩子遇到突发事件，他会更自信地去向教师和朋辈求助。而缺乏倾听关注的孩子则会表现出退缩、惊慌，不敢去寻求帮助。

倾听关系中所蕴含的安全、尊重、互惠等要素，与其说是学习的需要，不如说是人与生俱来的需要。如果我们认可这一点，就必须重新审视我们习以为常的"高度管控"的、"纪律优先"的课堂，重视建设以倾听为基础的课堂社群文化。

人民教育家陶行知先生说："只有民主才能解放最大多数的创造力，而且使最大多数人的创造力发挥到最高峰。"这句话一样适用于理解课堂。课堂的民主正是一种师生、生生的彼此尊重、彼此包容的情感关系。课堂因民主而安全，因民主而对话，因民主而思维自由。

唯有如此，学生的厌学才能有所改进，课堂深度学习才有发生的真实基础。

课堂倾听关系的价值发现

在本文中，我想结合自己的教研实践，谈谈我对课堂倾听关系的理解。

若从字面解释，倾听可解释为"认真、细心地听取"。这是耳朵接受信息的过程，更是复杂的内心活动过程。

佐藤学先生在其名著《静悄悄的革命》中反复提到了倾听在课堂学习关系中的基础性地位，如：

• 倾听这一行为，是让学习成为学习的最重要的行为。善于学习的学生通常都是擅长倾听的儿童。只爱自己说话而不倾听别人说话的儿童（人）是不可能学得好的。

• 无论是教师，还是学生，始终都保持一种倾听的心态，让发言者把话完整说完。

• 如果我们希望在课堂上更好地培养学生的言语表现能力的话，那么与其鼓励他们发言，不如培养其倾听的能力。这看起来好像离得远些，其实却是一条捷径。在教室里，倾听的能力培养起来之后，课堂的言语表现才会变得丰富起来，而不是相反。

• 互相倾听是互相学习的基础。教师往往想让学生多多发言，但实际上，仔细地倾听每个学生的发言，在此基础上开展指导，远远比前者更重要。

读着这样精辟的论述，我们可以强烈地感受到，在课堂中"倾听比发表更重要"。课堂中的倾听不仅是一种能力，一种态度，更是一种深刻的社会关系。佐藤学关于倾听的观点，可以说全面颠覆了追求活跃热闹、追求"小手如林"、追求学习竞争的课堂传统认知。

当下，我们要推动课堂真正的转型和改革，可能需要回到教育"立人"的原点，从原来的改课堂结构、课堂内容，下沉到改课堂关系中来。课堂倾听关系价值的重新发现与建设将会是未来课堂转型改革得以实现的最重要的基础。

一、以倾听关系建设有安全感的课堂

课堂中倾听关系的本质是尊重，是建立课堂安全、安定、安心的社会关系。

课堂是人与人之间不断互动的小社会。如果我们认可学习需基于人性，首先就应该创设安全、安定的课堂社群文化。

很多时候，我们的课堂成为老师和小部分"发言明星"的舞台，大部分学生边缘性参与，小部分沦为课堂的看客，甚至是叛逆者。心理学家卡尔·罗杰斯将这样的现象称为"课堂上的观光者"。一些"观光者"沉默寡言，他们尽量隐藏自己，往往坐姿端正，但身体僵硬，目光很少和老师对视，担心被老师注意到。他们的生命能量除了维持长时间坐端正以外，几乎很少用来深度思考学习的问题。还有一些则是在课堂中反常活跃，但这样的活跃基本与学习无关，他们需要的是刷存在感，以引起老师和同学的注意，因此经常会受到老师的斥责和其他学生的孤立。

倾听关系的本质是尊重，所产生的首先是安全、安心的课堂氛围。安全是人类的本能需要。人唯有感觉安全，才会卸下"防御的铠甲"，才会打开自己的心灵，才会让自己的认知触角灵敏起来。

二、以倾听关系构筑互惠共赢的课堂

课堂是师与生、生与生相互的生命塑造。

多年的职业经历让我认识到，课堂关系紧张、课堂阶层固化是深度学习的最大障碍。

倾听关系的第二层要义在于互惠。

每个人生活经历不同、文化背景不同、认知风格不同，当然对一个问题的认知轨迹和结果也难以完全一致，但当你倾听别人的想法，顺着别人的逻辑回看自己的想法，就会有新的发现。

深度学习追求的是相互启发、协同前进的学习历程。

我们经常说让学习成为"交响"。虽然每一个班级学生的学习水平和状态各不相同，但我们希望每一位学生都如各种不同的乐器，在应该发声的时候发出各自不同的声音，同时又能和别的声音联系在一起。

以笔者学员、浙江省教坛新秀冯朱敏老师执教的小学语文统编教材五年级《月迹》的一个学习任务的展开为例：

学习任务：哪一处"月迹"最有趣？在导图中选择最吸引你的一处"月迹"，细读相关段落，根据关键词句的描述（圈一圈关键词），在大脑中想象画面。

倾听要求：

1. 听到与自己的想法相似的，吸收比自己好的部分，考虑是否需要补充。

2. 听到和自己的想法不同的，想想他是从什么角度来看的，为什么会和自己想的有偏差，或者基于他的想法再读课文，继续发现。

3. 听到自己有疑问的地方，做一个标记，等同学说完，将疑问提出来。

表达要求：

1. 每个小组都有同学参与表达，可以小组内四个人一起站起来互相补充着说，也可以单个人举手参与。

2. 补充从同学的发言中引发的新发现，发表不同意见，提出疑问（不重复）。

3. 选择同一处"月迹"的观点集中表达完毕，再进入下一处"月迹"的观点分享。

我们从中可以见到倾听关系的建立，能够真正让同学成为"同学"。在倾听伙伴的发言过程中，学生会不断激发起新的认识，补充新的观点，让阅读抵达更高层次的理解。学生会被深度卷入学习，会有"啊，懂了！"这样恍然大悟的学习愉悦。

在这样的课堂里，不是为知识抢答和智力比拼，不是要把其他同学淘汰掉，而让自己脱颖而出，更重要的是在课堂中有可以对话的同学和伙伴。有不懂的，可以安全地向老师和同学请教；有不成熟的想法，老师和同学有人愿意倾听。

博尔诺夫说："教育产生了一个伟大的职责：教育人类进行对话，培养其对话的兴趣和能力。这是教育为拯救受难的人类应作的贡献。人类的命运直接取决于教育能否在这方面取得成功。"

这样以倾听关系为基础深度联结，个体更会负起学习的责任。通过倾听关系让所有学生间有着积极依赖，让"孤立学习"走向"互惠学习"，从而让学生越来越聪明，越来越有学习兴趣。

如果课堂经常出现同伴相互倾听、对话分享的学习场景，学生就会倾向于甚至习惯于向同伴以及朋辈学习。这对学生的未来影响深远。

三、以倾听关系助力挑战性学习

课堂学习是一个相互启发、协同前进的过程。

北京师范大学郭华教授在《深度学习与课堂教学改进》一文中写道："所谓深度学习，就是指在教师引领下，学生围绕着具有挑战性的学习主题，全身心积极参与、体验成功、获得发展的有意义的学习过程。在这个过程中，学生掌握学科的核心知识，理解学习的过程，把握学科的本质及思想方法，形成积极的内在学习动机、高级的社会性情感、积极的态度、正确的价值观，成为既具独立性、批判性、创造性，又有合作精神，基础扎实的优秀的学习者，成为未来社会历史实践的主人。"[1]

---

① 郭华.深度学习与课堂教学改进 [J].基础教育课程，2019（3）：10-15.

挑战性的学习主题，是深度学习得以展开的内容载体。但没有倾听，课堂就不会有学生间相互的高质量回应，也就难以形成胜任挑战性学习的完整历程，自然难以有高阶思维的发生条件。对于个体来说，没有以倾听他人为基础的挑战性学习，会缺失外界的智力和情绪的支持，无法构筑起学习者的积极心理和思维冲刺。

课堂倾听本身就隐含着一种巨大的联结力量。和自己联结，和别人联结，和前人联结，和教材联结，也可以和未来去联结。这种联结让知识、环境、老师、学生真正地联结在一起，同时开启学习的反思、重构和表达。

没有以倾听为基础的个体表达容易脱离群体学习的整体语境，观点容易陷入碎片和孤立。考察大量热闹、低效的课堂，基本都存在这个问题。

对于个体来说，在倾听伙伴的发言过程中，能够不断激发起新的认识，补充新的观点，让思维在相互交织中不断冲刺，实现语言和思维的真实攀登，让学习的结果抵达更高层次。

围绕学科本质，发展倾听关系，设计生成挑战性学习任务，当课堂围绕着这三大要素形成学习黄金三角并相互作用，课堂就会发生缓慢而巨大的进化。

在我看来，当下的课堂，第一要务是实现从关注决定学习的快变量走向关注决定学习的慢变量的转变。这里的慢变量就是培育相互倾听、相互关怀的课堂文化基因，建立起以倾听关系为基础的课堂生态。

课堂从来都是为学生的未来做准备的。任何值得去的地方都没有捷径，除非学习者互为路径。

努力提升教师的课堂倾听素养

教师是课堂倾听关系的缔造者。教师自身的倾听素养，更是缔造课堂倾听关系的基础。

我在日常的工作经历中，经常听到有些教师抱怨班上的学生不会倾听。对于这个问题，教师首先需要反思自己是否具有良好倾听素养，在课堂中是否是一位真正的倾听者。

在所有课堂中，"听"都是存在的，但是许多课堂里的"听"都是"听自己"，而不是"听别人"，不仅学生如此，教师也是一样。

在班级授课制，特别是大班额的教学环境下，教师要做到倾听每一位孩子的确不是一件容易的事。为了完成课堂教学任务，很多时候教师只追求学生的思维与自己的教学思维同步，只关注学生正确的答案或者对自己完成教学任务有用的回答。

但课堂的基本伦理是"学生如何学，会更好"。作为新时代的教师，必须理解到学生学习发生本质上是一种被引导的自主建构，而不是单向的学科内容和知识的传授与灌输。"教学即传递"的课堂观念已经不合时宜，尤其在人工智能时代，惰性知识的多寡已经完全失去意义。

课堂深度学习建设的基础之一就是承认并尊重学生的差异，这需教师首先要成为有能力的倾听者，倾听课堂中学生有声和无声的语言，了解学生的学习困境和学习需求，以更好地进行回应和引领。

在学生学习的展开过程中，教师不仅需要以"外耳"倾听学生显性的声音表达，更要修炼"内耳"倾听学生的缄默语言，如学生在表达中隐含的情绪等。除了倾听对话中的学生，还要努力关注班级中每一个学生在学习过程中呈现的信息，特别是发现学生遇到学习困境时身体发出的"求救信号"。

在学生学习的展开过程中，良好的倾听能力能触发教师的教学想象力，就如工匠看到材料中隐含的可能性。

以倾听学生的一次发言为例：

一是要关注发言中学生与教材的关系。比如关于教材内容的知识、思想及感情的表达。

二是关注发言中学生与课堂社会的关系。比如学生发言中交织与构筑的同教师与伙伴之间的关系。

三是关注发言中学生与自我的关系，这是学生的课堂存在证明与表态。

以语文课堂为例，教师倾听时，可关注学生的发言是文本中的哪些话语触发的，学生的发言与内容之间有怎样的关联，学生的发言是由其他学生哪些发言触发的，与学生之前的思考和发言之间有怎样的关联，发言中包含着怎样的缄默语言。

教师的倾听是对学生进行深度回应的基础。因为倾听，教师才会有强大的课堂串联能力和聚焦能力，才能从线性、碎片式的教学环节完成者，升级为课堂深度学习之网的编织者。

教师的课堂倾听素养需要有意识地、长时间地培育，这是教师成为课堂学习专家的必备条件。这不仅需要更高层次的教师和教研人员的指导、诊断，更需要教师自身在日常教学中有意识地进行倾听练习。

比如课堂中尽量少讲精讲，多用耳朵和眼睛参与教学。

关于倾听的意义，如佐藤学所言：课堂好比是教师在和学生玩棒球的投球练习。教师把学生投过来的球准确地接住，投球的学生即使不对你说什么，他的心情也是很愉快的。学生投得很差的球或投偏的球如果也能准确地接住的话，学生就会奋起投出更好的球。相反，课堂上只照自己的习惯"接球"，不琢磨学生"投球"线路的教师，一定是不擅长"接球"的教师，课堂上"投球"纷纷落地，或者只有三三两两几个"投球"，久而之，学生在内心深处就会远离这样的课堂。

倾听学生，意味着老师的全部注意力都要直面学生，努力接住他们的每一个"球"，重视他们的每一个"球"。

在这样的过程中，教师的身体姿态和声音要柔和，内心要安定下来。从我的经验看，善于倾听的教师往往是那些谦和亲切、音量柔和适中的教师。

教师倾听素养的另一个追求就是要努力把所有学生装进自己的注意力范围。

比如虽然教师在和眼前这位同学对话，但也要让距离最远的学生也感受到教师在注意他。这是十分高妙的教学本领。修炼这样的课堂本领，最需要教师长期在课堂现场内心安定、五官苏醒，去专注地感受和理解课堂中的细微波动与变化。这样如武林内功般的课堂统摄力修炼，需要贯穿我们课堂生命的始终。

如佐藤学曾在书中谈到的胜沼老师的案例：胜沼老师抱着"要像采撷珠宝一样珍视每一个儿童的发言"的信念，在课堂上他丝毫不得闲，穿梭在课桌之间，去倾听每一个孩子的发言。当一个孩子发言时，胜沼老师就站在斜面，和孩子们一起看着黑板，只见他微微地弯着腰，将视线调整到与孩子同样的高度，兴致盎然地侧耳倾听每一个孩子的观点。在倾听时，胜沼老师和孩子们之间的距离会有一些小小的差别，对那些大胆的、习惯于发言的孩子，胜沼老师则放心地站在稍远一些的地方，而对于那些害羞的、需要帮助的孩子，胜沼老师会自然地靠近些。为建立师生之间的倾听关系，胜沼老师付出了巨大的努力。

教师的倾听姿态还是重要的示范。学生只有感受到教师出色的倾听素养，才会起而效仿。

毫无疑问，教师只有真正内心认同，自己才会长期坚持课堂倾听的习惯，才会长期坚持培养学生倾听的习惯。

我有时想，课堂就是老师和学生一起围绕在学科"篝火"的周围，相互倾听，相互对话，一起感受和分享学科的伟大魅力。

从培育学生的倾听能力开始

倾听文化的基础是个体倾听能力的形成。

据笔者的学习和观察，倾听能力可分为低阶倾听和高阶倾听。低阶倾听者往往只能听清简单的指令，听清问题的大致意思。高阶倾听者则能在混乱与多重表达中听清主要观点和矛盾之处，听清复杂问题中的核心要求，最关键的是能迅速建立与其他信息的联系，助力自己继续思考的登攀。

倾听能力并非一朝一夕便可形成，需要教师长期地培育，并运用一些策略。

笔者曾看到过一位优秀教师的经验介绍，她在课堂中是这样培养一年级的小学生如何倾听的：发言的同学就像是小小的太阳，听的同学就像是美丽的向日葵，同学在发言的时候，大家就要像向日葵一样身体朝向小太阳。这位智慧的一年级教师通过身体姿态的变动来指导学生如何倾听。

专心听讲是课堂学习的基本习惯，但课堂深度学习语境中的倾听文化不只需关注学生是否在"听"，还要关注倾听的动力、欲望和效果，关注过程是否有问题驱动，倾听后与同伴的关联和影响，如此才能慢慢形成具有相互听倾听文化的课堂。

以语文学习为例，口语交际是语文课程的重要学习领域之一。交际是互动的，高质量的言语交际的基础就是高质量的相互倾听。如统编小学语文教科书对口语交际的学习内容编排中，对学生的倾听能力和倾听习惯的培养大都有清晰的设计和明确的要求，这有助于老师们把日常坚持与专项练习结合起来，扎扎实实地推进学生倾听能力的培养。

学员周叶萍老师曾经撰文分析过面对课堂中闹哄哄的、信息轰炸式的发言，学生倾听所遭遇的挑战和对策。她这样写道：

闹哄哄的课堂表象下，学生的发言似乎非常积极。但仔细听，发现学生仅止于发表观点。当个体思维走向集体研讨，还需要有一个回顾整理的过程，这样才能推动学生走向高阶思维。老师需要及时串联，及时点拨，让学生的思维通过对话慢慢聚焦、深化。不然，学生疯狂地发表观点，互相之间也没有任何的关联，表面热闹而已，没有让学习真实而有深度。

毫无疑问，周老师所遭遇的困境在一线课堂是具有普遍性的。学生只是顾自说，缺乏建立在倾听基础上的相互补充、借鉴和深入。表面上的发言积极，其实是学习思维的平面滑行。从这个问题上看，我们的学生迫切需要补上"如何倾听"一课。尤其是面对课堂上其他同学大信息量、"泥沙俱下"的表达输出时，如何有效倾听，这需要来自教师的精准指导，尤其是在倾听支架上的支持。

周老师在文章的后半部分写道：

通过交流，我们梳理出了几招。

1. 深入探讨：找到某一个观点，思考同伴刚刚讲的跟自己的有什么相似之处，自己有新的思考吗？

2. 提出疑问：在大容量信息中提取自己感兴趣的，提出自己不理解的地方。

3. 总结观点：随文批注，补充观点，把同伴们的观点作个有效总结。

第二天上《夜莺的歌声》，有一个比较开放的问题：读了课文，你有什么发现和疑问？

小组轮流发表，又是一次信息大爆炸。当第一组讲述完，第二组的佳慧一开口就说："我顺着小焓的话题继续讲……"

接着小昊提出了自己的疑问，小恒总结了各组的观点，小贝回答了小昊的问题……同伴的对话，与文本的对话，跟自己的对话，就在这一刻形成。渐渐地，聚焦到了一个开放的问题上："夜莺的行为是否有准备？"

这样的有效倾听，无疑让思维走向了深入。正如皮亚杰所言：儿童的发展必然是儿童主动建构的过程与结果，绝不可以用外部教学来代替或掩盖儿童的发展。倾听他者，正是儿童主动建构的开始。

培育学生的倾听能力，需要从教师和学生两端同时着力。教师不仅要精心设计学生有效倾听的支架和规则，监测学生倾听的行为及效果，同时对于自身的教学行为也需要有元认知监控。

如教师讲述或提问的音量合适、表达具有沟通感、在课堂评价中长期关注倾听评价……所有这些都是培育学生倾听能力和习惯的必要方式。

正如佐藤学所言：这取决于教师是否能够认真倾听每一位儿童的心声。教师以身作则，成为一位耐心的倾听者，学生之间的倾听与合作关系就会水到渠成。

简而言之，在培育学生倾听能力的道路上，教师首先需要成为一个倾听的长期示范者。

建设倾听关系为基础的现代课堂

学校课堂在学生成长支持系统中居于核心地位。尤其是在"双减"的时代背景下，让学生在课堂"学足学好"已经成为社会共识。如何让学生在课堂中"学足学好"，大面积地提升学生课堂中的学习力，激发学生课堂学习中的能动性？笔者认为，倾听关系的建设在课堂中有着最为基础性的教育价值。

对于课堂研究，课程论专家历来专注于课程内容的研究，教研员和一线教师专注于具体教学内容和教学策略的研究。而对于课堂赖以存在的人与人之间的关系，及由此生发的课堂的社会生态，我们历来缺少共同的、真实的关注。或者说隐约觉得重要，但大都是"隔着毛玻璃般"的观察与感知，或者自动默认课堂文化建设不属于学科的范畴。

坦率地讲，我们的课堂尚缺乏育人、育完整的人的自觉意识。

在笔者看来，改进课堂，第一要务是培育相互倾听、相互关怀的课堂文化基因，建立起倾听关系为基础的课堂生态。

倾听关系是课堂中最好的学习关系。

佐藤学先生提出的课堂中"倾听比发表更重要"的观点，可以说全面颠覆了追求活跃热闹、追求"小手如林"、追求学习竞争的传统好课的认知。

笔者以为，一线课堂教学的倾听关系的建设可从三个方面考虑。

一、教师成为学生倾听的示范者

在课堂上，教师要做到倾听每一位孩子的语言的确是有难度的。

我们的课堂，每一节课的任务是事先设计的。学生各有不同，有的班额还比较大，教师和学生思维方向有时也不同步，所以教师很多时候只倾听和回应正确答案或者自己想要的答案。在规定的课堂时间里完成事先设计的教学内容，往往不自觉地就成了课堂教学的第一目标。

没有倾听的课堂是独白式的，只靠教师和少数优等生撑"场面"，唱"主角"，而其他大部分学生都被虚化为"配角"甚至是"观众"。那些未被教师倾听的学生就成了虚假的学习主体。学生学习的能动性可能就这样遭到了挫伤。

倾听是一切教学的前提！苏霍姆林斯基说："在教室里，凡有不好好听别人发言的学生，肯定有不认真地倾听每个学生的一言一辞的教师。"

一位年轻教师在她的教学叙事中这样写道：

"要学会倾听"这句话，老师们经常会在课堂上对学生们说。我现在教三年级，我上课时经常会出现一种情况：学生为了自己有机会发言，总是高高地举起自己的小手，大声地说"我，我！"，可点他发言回答完后，就心满意足地坐下，然后再也不听别人的评价或者别人的发言，而是开始与旁边的同学窃窃私语。没有得到发言机会的孩子也会失落地做自己的事情，还有一些没有学习参与感的孩子，听到有人说话，看到有人玩就正中下怀，也趁机开始了小动作。课堂实在太难把控。于是我就会再三地给学生强调倾听的重要性，要求学会听同学的发言。可是说实在的，其实我自己都很难去倾听学生的发言，我只想听到回答正确的答案，然后把课继续下去。

教师教学活动的第一要义就是在课堂上以倾听的姿态面对每一位学生。教师必须在课堂中建立起自我的安全感，才会有课堂归属感，才会"完整接纳学生"去编织课堂中的学习之网。

从课堂学习的育人价值来说，我们对学生的回答要尽量减少简单地判断正确或错误，我们更要研究和琢磨的是如何串联学生现场生成的学习经验，让学生通过倾听相互启发，把学习引向纵深，从而让每一位参与学习活动的孩子得到认知和思维的淬炼。

我强烈建议教师控制住自己表达的欲望，在课堂中要多用眼睛和耳朵参与教学，去倾听和理解学生有声的、缄默的语言。

教师成为谦逊的倾听者，才是信赖学生的开始。比如不插嘴，不打断，让学生把话说完。

有的时候，教师的点拨就是"语言之钩"，能帮助学生廓清认知迷雾，引发学生沉在思维深处的学习智慧。

教师自己更需示范如何倾听：

比如在行动姿态上可以侧耳倾听、蹲下倾听、走近倾听。让学生耳濡目染，学会有耐心、安静地听同伴表达。

比如放低自己的声音，降低自己的存在感。

比如话语凝练，只在孩子们的发言中起穿针引线的作用。

比如弱化评价，让学生多一些机会建立连接，创造随时互相学习的完整场域，助推高阶思维的发生。

教师课堂的所有努力其实都是为自己"得体地退出"。

焦虑和担心是教师不能倾听学生的根本原因。当教师把全部精力用来关注如何控制课堂、完成事先设计的教学任务的时候，对学生的关注就会弱化，倾听就难以形成。特别是课堂遇到挑战与困境的时候，更会不由自主地回想教学设计：下一步要干什么，下一句话该怎么说。在这样的状态下，教师的思维带宽就会受制。

要解决这个问题，一是要更加精心地设计与准备，预想课堂可能出现的问题；二是我们要有对自己专业能力的自信。这样的自信，能够帮你建立全然开放的倾听心态。如此，教师真正的倾听才能开始。

当你能走入学生的认知和精神世界时，学生就会建立起对你的信任，把你看成是能倾听他真实表达的言而有信者，课堂的即时应对就可能会高质量地发生：或理解学生表达的意思，表示认同或赏识；或从学生的语言中提取对方想表达但未能说清楚的情感和内容；或通过倾听学生的表达，把学生引导到对与文本材料的进一步对话探究上，并让不同意见的人补充表达。

在《静悄悄的革命》一书中，佐藤学把倾听比喻成"接球"，有效的倾听就是接住对方的"球"，你来我往，从而在课堂上形成动听的"交响乐"那样的对话。会不会接"球"，是教师的专业素养的表现，接住了每个个体的"球"，就是展开了与每个人的对话，这里没有集体的"球"。你尊重了与你对话的人，也就尊重了群体。

如何让一个被教师抛回去的"球"，让所有眼睛亮起来，所有耳朵竖起来，这即是"接球"的全部奥秘！

这个奥秘的起点就是教师的倾听！

二、建立学生倾听的动力机制

笔者的团队通过大量的课堂观察，发现不少学生对回答问题充满兴趣，而倾听他人的意愿不强。课堂中学生乐于回答，急于表现背后的心理是其需要成就感和存在感，尤其是小学生，这是孩子的天性。

倾听比发言更加重要。学习倾听，就是学习专注。在课堂中，不少学生的"答非所问"并不是他不会答，而是他不会听。只有当倾听能力培养起来之后，学生的课堂言语表现才会有丰富的生长性。这是课堂学习的基础。

倾听不只是接收，更隐含着回应的责任。以传统教学最为关注的知识掌握而言，没有倾听、回应、对话，知识难以更好地内化。

倾听不只是一种技术，或者简单的能力，倾听还体现出学习者谦逊的美德！

倾听需要学习。从能力层次看，可先从低阶的听清楚，到转述、复述，再到相对高阶的结合自己的经验、带着想法、带着问题去倾听。从日常的学习和运用场景来看，可以先从同桌两人开始，再到四人小组，然后到全班的相互倾听、相互回应。

当然，要让学生更具有倾听的意愿和动力，教师需要研究、设计学生参与倾听的支架。如在倾听时给予这样思维路径：

"同学的观点与你的一样吗？"

"你有没有新的想法？"

"你有没有补充或不同意见？"

笔者曾读到一位优秀教师和学生约定的课堂倾听规则，具有一定的可操作性：

1. 倾听同伴发言时，不做、不想无关的事。

2. 学会边思考边倾听。不仅要听对方说出来的部分，还要倾听他没说出来的部分。例如：他为什么这么说？他的观点源自文本的哪一部分？我从他发言中学到了什么？发言中不完美的地方还能改进吗？他错误观点背后的原因是什么？如何避免这种错误？

3. 有问题勇于向同伴求助，同伴要语气温柔地尽力给予帮助。

4. 多位同学想发表时，遵循"三优先"原则，依次是：还没有发过言的优先、平时发言比较少的优先、女生优先。

倾听本身是一个复杂的学习认知系统，需要教师长期耐心地培养和针对性地训练。

三、建设群体的倾听关系

课堂最终要建设的是群体的倾听关系，这是深度学习发生的社会性土壤。

长期以来，我们从未停止对课堂的探索改良和美好想象，但现实是我们的课堂浅表性学习、虚假性学习依然大面积存在。课堂过度竞争，个体相互孤立，有专家形象地把其比作战争中抢夺阵地的"冲锋"，一小部分的学优生提前到达了阵地，一部分还在气喘吁吁地追赶，另一部分远远地甩在了队伍后面，或者"倒地不起"。学生与学生之间相互听不到，或者不愿意听到他人的声音。

佐藤学认为，课堂最重要的是要互相倾听，老师一定要创造一个让孩子们互相倾听的环境。他甚至特别指出：孩子们共同学习时千万不要形成小组中一个学习能力比较强的孩子总是教别的孩子，而别的孩子总是被教这样的局面。形成这样的固定模式就会形成一个权力差。要互相学习，不是我教你，而是你有什么不懂的你来问我，我有什么不懂的我来问你。这应该是一个很柔和的环境。在这样的环境中，不应该是每个孩子都急着举手——"我想说，我想说"，而是静悄悄的"我想听，我想听"。

倾听是一种基于现场的高品质相互关系的催化剂。

倾听能引起关注、移情、同感和共鸣，倾听的行为又会使对方产生一种珍视感、信任感和依赖感，这在无形之中就拉近了彼此之间的关系，形成一种群体的对话关系。倾听者和被倾听者之间的关系是平等的。这样的关系让学生的内心有一种安全感，身心更容易打开，更容易在教师、同伴表达的基础上，反思和优化自己的理解，从而将思维推向纵深。

通过群体倾听关系的塑造，学习者的安全、安心、安定就成为可能。比如学习有困难的学生能主动向老师说"我不懂""我不会"，或者在伙伴学习中说出"你能教我吗""我不会，你能给我讲一下吗"。

倾听是课堂学习不断推进和深入的前提条件。在一个安全温柔的课堂环境里，我相信所有学生会爱上学习。因为对智慧和温暖的向往，是人的本能！

缔造一间更完美的教室

教室是教师对学生进行教学的物理空间。

但凡是有人的地方，空间的自然性、物理性都会慢慢消退，与此同时，空间的社会性慢慢凸显。

朱永新老师在新教育第 12 届年会主报告《缔造完美教室》中写道："教室总是与生命联系在一起的，是为生命而存在的，教室一头挑着课程，一头挑着生命。没有生命绽放的教室，就不可能是完美的教室。"

写得真好！

在我看来，教室更是课堂的依附之地，学生的心灵居所。

雷夫的第 56 号教室让人印象至深，他说第 56 号教室之所以特别，不是因为它拥有了什么，反而是因为缺乏了某样东西——害怕。

畅销书《好妈妈胜过好老师》的作者尹建莉在给《第 56 号教室的奇迹》写的推荐序中这样写道：

教室与教室原来可以如此不同！

一间教室能给孩子们带来什么，取决于教室桌椅之外的空白处流动着什么。相同面积的教室，有的显得很小，让人感到局促和狭隘；有的显得很大，让人觉得有无限伸展的可能。是什么东西在决定教室的尺度——教师，尤其是小学教师。他的面貌，决定了教室的内容；他的气度，决定了教室的容量。

我深以为然！这篇序言的标题也特别醒脑——"一间教室的容量可以

是无限的"。作者接下去写道：

教育上最令人不可思议的是，有的人在讲台上站了一辈子，甚至获得了很高的学历、职称，却始终是个门外汉。他可能干得风风火火，却不过是一个附庸者，所以也是无力者。这一点，只要看一下那些年年获得优秀教师称号，甚至著作等身，但班里的孩子们叫苦连天，包括自己的孩子也很成问题的人，即可得到验证。这样的人，教室于他们只是一个讲课的场地，他们天天站进教室里，却从来不能影响到教室，所以，四十平方米的教室永远只有四十平方米。

作者的文字非常尖锐。我这样摘录大段的原文，是希望这些十多年前的文字在今天依然能够刺激所有教师的专业神经，唤醒作为职业教师的专业尊严。

教室，应当让人身心安定，五官苏醒。有好的场景，教育就会自然发生。

佐藤学认为：学校改革的中心在于课堂，真正意义上的教育改革是从一间间教室里萌发出来的。没有哪间教室与其他教室里飘逸出来完全相同的气息，或有完全相同的问题。只有从教室开始，从课堂教学层面的改革开始，才有可能有新的课程创造、新的"学习共同体"的创造。

在我看来，教室中最动听的声音可能就是孩子们自然而然地直言"不懂"。正是"不懂"展示了课堂的润泽，正是"不懂"教会儿童正确地对待自己，也正是"不懂"引导课堂不断地向纵深的方向发展，激发课堂的活力。

当教师能够真正地倾听学生、帮助学生解决真实问题时，教育的深度连接就发生了。

每一间教室空间都应当是一个命运共同体，师生因为归属感而形成强大的学习凝聚力。

任何时候，成人世界都不应该以伤害学生的尊严和发展为代价，去换取短期的教育功利。成人世界最需要做的是去激发学生对自我的高要求并付诸行动。

尊重、引导、慈悲，我们期待教师教学的"妙花"不断地在教室绽放。

佐藤学在《教师花传书》中说：教师的"妙花"是打通作为匠人的教师和作为专家的教师的桥梁，是技术的纯熟与教育哲学完美的融合。这需要"技"与"心"的深度修炼。

那种表演似的完美公开课并不是"妙花"的课堂。

有生命存在的地方就会有生态。旷野之中难有一棵大树，这是生物学中的共生逻辑。

虽然自主性的独学是学习最终的归宿，但是群体性学习所产生的合作与对话是高质量学习必经之路。

我们期望在日复一日的教室生活中，师生能够汇聚在伟大的事物的周围，穿越在伟大事物之中，共同书写一段不可重复的生命传奇，让每一个生命走向卓越。

教室是师生生命共同绽放的田野。我们期待大地上涌现更多、更完美的教室。

第五章

重建课堂的研究范式

CHAPTER 5

构建

深度学习课堂

听评课应注重学习事实

多年来，笔者觉得，我们的课堂是被遮蔽的，远没有被我们打开和理解。以听评课为例，我们习惯于坐在教室后面或者台下听课。这样听课最大的局限是我们只看到全班学生的背影与侧面，捕捉到的学生学习信息相对单一、有限，甚至比较肤浅。受到惯性思维和听课位置的影响，这样听课，教师关注的目光自然会更多地聚焦到教师身上。

同时我们总以为自己看到的事实就是事实，但课堂远比我们想象的复杂。我们以为的真相往往并不是真相，或者只是小部分的真相。

笔者在一次听课调研过程中，观察一个小组的合作学习，小组学习的全程完全是组长掌握话语霸权，其他同学只做边缘性参与，特别是一位学困生完全被小组抛弃。但是组长代表小组的汇报效果很好，整个小组还得到了教师的表扬。

这些课堂理解的偏差实际上也导致了我们对课堂改进的隔靴搔痒和南辕北辙。

传统听评课的话语系统也存在一些缺陷，某种程度上制约了课堂深度改进的可能。

一是重听评课者的原有经验，轻实证，尤其是学生学习历程的实证。

二是重课堂整体，轻个体学生。

三是重教师如何教，轻学生如何学。尽管我们都认同"以生为本""学为中心"，但事实上由于我们课堂观察储备的不足，导致课堂评论的话语体系都会不自觉地滑向教师的"教"，而失去了循证改进的方向。

四是重课堂外围表象，轻学习内部真相。课堂外围表象指问题设计、教材解读、环节推进、作业设计等。学习内部的真相则指个体在课堂中的真实学习历程，比如学生的具体学习困境和需求，学习结果的因果解释等。

要推动课堂深度学习的转型，我们的听评课迫切需要建立起实证与经验相结合的课例研究范式。

特别在当下，要倡导听课教师用"蚂蚁之眼"去聚焦观察具体学生的真实学习历程。

从一位听课教师观察一个学生或一组学生开始，用眼睛、耳朵、心灵同时感受、接受来自学生的信息，全身心投入，研究焦点学生学习过程中的关键事件，理解学生学习过程中的关系，继而形成阐释学习的完整证据链，从而反思改进我们的教学，实现以学生的学习历程引领我们的学习设计。

以笔者和绍兴市小学语文研学共同体学员开展的一次课堂观察工作坊为例，学员都认为这样的课堂观察带给了自己强烈的课堂认知震撼。一堂原本习以为常的课，因为课堂观察方式的转变，学员们对学生的学习有了不同以往的体认与理解。虽然所见有限，但因与学生同在学习现场，学生的学习波动就变得渐渐清晰，或被吸引卷入，或因某个事件开始防御、纠结、犹豫甚至放弃。课堂学习生态的生动性与丰富性被20多双"蚂蚁之眼"进一步打开。

一次我听陈静静博士讲到"一切教育问题都可以在教育现场寻找答案"，我非常认同。不进入课堂的真实内部，我们永远无法想象一位具体的学生课堂中的真实学习历程，无法理解学优生与学困生是如何在课堂中渐渐形成的。

因为观课教师深入学生学习现场，学生在课堂中的学习事件，就会被发现、捕捉。这样现场的、聚焦的、相对微观的学习案例，更能触发参与听评课教师的共鸣和反思，尤其对于执教者和观察者而言，对课堂理解的认知提升更为深刻。

长沙市雨花区泰禹小学语文教师刘丹燕在"深度学习共同体"公众号曾发文《在课堂中看见学生——聚焦焦点学生关键事件之看课分析》，其中写道："第一次用'蚂蚁之眼'观察学生，让我亲身感受了课堂上学生的具体学习历程，揭开了学生学习的'潘多拉魔盒'，不可说不震撼！原来教师的每一个细小的举动都或多或少会成为学生学习路上的加油站或绊脚石。"

推动课堂深度学习的转型，还迫切需要学校教师形成真正安全的同僚性关系。作为学校领导，要提倡教师们把教室的门打开，加大相互听评课的频率，提倡基于课堂观察的实证进行课堂研究的对话，相互学习，而非评论优劣。

俯下身去不断观察学生，理解学生的学习困境和学习需求，不断反省自己，才有不断改进教学，实现课堂深度学习的可能。

回到真实的课堂田野

在"罗辑思维"里听到罗振宇老师讲到一个关于盐的故事，对我理解课堂的思维方式很有启发。

故事讲的是一次印度爆发宗教冲突，印度政府委托当地的商人代为运送、发放救济物资。冲突平息后，商人把援助物资的账单报给政府结算费用。政府官员发现账单里有很大水分，但缺乏有力证据。后来统计专家通过研究账单，找到了一种东西，可以作为核实商人真实花费的重要依据。

那就是盐。

盐价格低，总量小，商人夸大虚报的动机不强。有了盐的真实用量，就可以推导出难民数量。知道了难民数量，再来评估食品、服装这些被夸大虚报的物资就容易多了。

在中国古代，政府一直坚持盐的专卖制度。盐人人都要用，用量小且固定，因此历史上盐税的本质，不只是商品税，实际上还是人头税（人头税是按人数征收的税种，有一个人收一份税）。政府通过盐的消费量，可以相对准确地得知人群的数量。所以盐税在古代，是收人头税最好的税基。

由此我们可以联想到许多专业领域的学问，要不断回到它的真实世界。有时候专业的学问形而上时间长了，容易钻入象牙塔，失去了这门学问本来该有的面目。比如经济学界的科斯，就提出要反对"黑板上的经济学"，提倡回到真实生活的经济学。

同样，课堂教学作为一门学问，总结传播概念、理念或者提炼各种课堂风格自有它的意义，但事实上课堂教学一切学问的真实基础应当是一线教师的一线课堂。

据笔者观察，长期以来，我们的课堂研究的学术风气过于热衷于形而上的研究和传播，而对一线课堂的具体观察和研究整理严重忽视。这客观上也给广大一线教师一种错误的暗示或导向：公开课比常态课更有价值。公开课和常态课是两种话语系统。

这样的学问价值是令人怀疑的。

语文是基础教育的第一大学科，有人做过统计，八位从事基础教育的教师中就有一位是小学语文教师。语文学科，名师多，问题也多。一些学科顽疾，我从业近 30 年来一直存在，从未消失。

有意思的是，我发现在我职业生涯中阅读的关于小学语文的教研文章中，作者所引用和讨论的课例，几乎都来自各种赛课和公开课，特别是大型的公开课。其中包括不少我自己的文章。在论文中引用关注度高的公开性课例的确有着独特的学术讨论价值，但一旦成为群体风尚和偏好，就会导致群体性的学术偏见，而且传导至学科研究自身的各个环节，包括各类教材的编写。

这样的例子很多。比如某位著名的语文教育专家数年前在一次权威性的发言中，提出中国的语文教育现在是人文性过度了，工具性不够。这位先生的发言就是典型的基于大型公开教学的错觉。

真实的情况是中国的一线语文教育人文性不够！工具性也不够！

理解课堂，最重要的还是要回到一间间的教室，坐到学生中间去。

虽然教室的物理环境大致相同，但由于学生的差异，可以说这世界上不会有哪一个教室和其他教室飘溢着完全相同的气息，遭遇着完全相同的问题。每个学生都在其中各自构筑着自己的学科学习世界。它的复杂性和丰富性足以令人着迷。

多做课堂田野研究才是研究学科教学应有的姿态。如果我们忽略了一线课堂的多样性和其中诸多小事的意义，只是一般性地议论课堂教学，那只能是空洞而乏味的。这样的教学议论只会贴标签和喊口号，它不可能给中国的任何课堂带来质的改变。

回到真实的、不完美的甚至丑陋的课堂，就是回到学科的广袤大地。这是我们出发的地方，也是我们终要回归的"天堂"。

建设"一个都不能少"的教研文化

笔者一直以为，一所学校的办学高度取决于教师的专业生活方式，特别是基于校本的教研类专业生活方式。

"双减"背景下，一方面，教师承受着更长的工作时间；另一方面，"双减"事实上对教师的专业素养提出了更高的要求。教师们的专业水平决定着"双减"背景下的育人水平。

对于一所学校来说，每一个教育工作者都重要。

近年来，笔者在调研了解的过程中，深感学校的教研组等学科教研团队存在着一些突出的问题。

从表面上看，教师们参与学科教研活动的积极性不高，教研活动的内容及形式陈旧单一，学科教研的时间和空间被一再挤压。

从深层看，则是教师们对学校教研的认同度十分低下。多年前，笔者曾在一次全市的乡镇小学语文教研组长的培训会上做过现场无记名调查，结果竟然没有一位教师对自己学校的教研活动表示"非常满意"和"满意"，比较满意的比例也非常之低。

佐藤学先生在《静悄悄的革命》中写道："研讨的焦点应针对授课中的'困难'和'乐趣'所在，大家共同来分享，以达到教研的目的。因此，互相讨论这节课哪里有意思，哪里比较困难，学生有哪些表现，并通过相互交谈让学生学习时的具体样子重新浮现出来，这样的教学研讨才是每位教师所期待的。"

笔者在工作经历中，也一直在关注、学习、思考如何提升基于校本的学科教研品质。基于对诸多现象的分析，我个人认为在新时代改进学校教研，无论是管理者、指导者，还是具体的实施者，都需要实现教研思维转型。其中自然有很多的要素和问题可以讨论，但我认为当下最需要落实的是教研中的人本主义，从根本上实现精英教研思维到平民思维的转变。就如我们在课堂深度学习中提倡的"保障每一位学生公平而有质量的学习权"，学校的校本教研也一样要把"一个都不能少"的理念贯穿到活动中去。

在一个教研团队中，教师的能力有强有弱，参与教研的目的自然也不尽相同。笔者进行日常调研时，学校经常会习惯性地向我们推介少数的几位名优教师。观察学校的教研活动存在的问题，像极了我们日常的课堂教学，活动就是围绕着几位学校的名优教师进行，大多数的普通教师在这样的学科教研活动中成为了"旁观者"和"沉默的大多数"。这是一种典型的精英教研思维。就如一位教师在问卷中所言：对教研没有兴趣，感觉和自己无关，自己只要"扎扎实实把课上好"就行。

从另一个角度理解，"扎扎实实把课上好"可不是件容易的事。没有高水平的专业认知和能力系统做保障，再美好的教育意愿都是一场空想。

在我看来，基于"安全感"的同僚教研是教师课堂专业系统打磨和精进的最基础保障。

一次，我应邀参加诸暨市暨阳小学的校本研修研讨活动，学校分管教研的副校长、特级教师郦丹老师向我们介绍了他们指向"美好课堂"建设的校本研修机制。其中讲到了"深度学习"月的"连环改进教研"，他们是这样做的：

针对教师在实践中遇到的问题，第一轮，选择一个内容请 A 教师上课，其他教师进行课堂观察。通过课堂观察单，帮助听课教师从观察"教"到观察"学"，再根据课堂观察单进行集体研讨，调整完善学习设计。然后进行第二轮的改进，请 A 教师运用修改后的学习设计，进行平行班的二次上课，再通过课堂观察、集体研讨及邀请专家进行指导，形成课堂学习设计再度改进。最终就这一学习问题大家达成共识，同时整理出大家新产生的问题。

我个人认为这样的教研设计，本质上是一种学术智慧众筹。从学校学科教学真实遭遇的问题出发，以课堂观察单为工具，以具体学生的学习历程为实证，反思学生学习问题成因，连环改进教师的"教"的问题。可以说，这从机制上保证了每一位教师在教研生活中的沉浸感和获得感。

好的社群文化就是要让每个成员在团队中有自己的目标和归属感。就如我们在课堂中对学生的希望，我们同样迫切希望教师在教研团队中能够安全地说出自己的真实想法，呈现自己真实的课堂。

只有基于团队，才会有真诚自由的教研话语文化，教师们才会充分打开自己，暴露自己的经验和思维，敢于言说和争论。而这正是教师专业发展和研究成果产生的必要条件。

在一场教研学术活动中，需要有引领者，但是不能有"学霸"。在一场学术活动中，引领者要注意自己话语的分寸感。

话语霸权是有害的，而且容易让人上瘾。

教师们对教研团队的认可度不高，固然有多方面的因素，但团队领衔人，比如学科教研组长肯定是关键变量。一个好的团队领衔人，学科实力和影响力只是做好教研工作的基础，还需组织、沟通、协调，设计教研的能力更是重要。

如一位教研组长所言：每次活动都要有明确的分工，谁上场，谁负责调查统计，谁负责课堂实录，谁负责课堂观察，谁负责课后访谈，谁负责议课综述……这些任务都一一落实到专人。备课，要集中团队的智慧；议课，要坚持一课一得，实行一时一议、一事一议。

这样的学科教研就是"共生"式的团队行动。

我个人也在此建议各级教研部门要加强对学科教研组长的培训力度，从教研组长的角色意识、活动策划、教研现场实施把控等方面进行有针对性的培训。

学校领导也要转变观念，把学校的教研组长培养和教研团队建设作为学校的基础性工作，特别是要避免学校任命学科教研组长的随意性。

个人还建议有条件的区域的教研组长要持证上岗，进一步提高教研组长的辨识度，提高学术地位和政治地位。

一个人可以走得快，但一群人才能走得更远。学校的教研追求的是一群人的进步与优秀。

我们需要榜样教师，但只有把一个人的行走置放在团队的成长中才更有价值。

我曾在一位教研组长的总结中读到这样一句话："走着，走着，方向就有了；做着，做着，整列火车就动起来了；学着，学着，哪怕照猫画虎也好，慢慢地，虎就像起来了，活起来了。"

土壤丰厚了，空气润泽了，各色种子自然会参差不齐地破土而出。教师的培养和学科成果的培育亦同此理。

基于团队，必然是未来教研文化的核心特征。所有真实的行动，都会有真实的改变。我深信这一点。

课堂评议的价值重建

听评课是基层教师最常见，也比较受欢迎的教研方式之一。尤其是专家、同僚的课堂评议，对于执教者和其他在场教师反思课堂、改进课堂意义重大。但据笔者的观察，我们的课堂评议存在两个基本问题：

一是课堂评议的价值立场存在偏差。课堂评议是公开的教育学术活动，对话分享、砥砺思维、去伪存真，从而让参与者获得课堂心智的成长，是其应有之义。但我们看到的课堂评议或多或少地存在着褒扬过盛、"和稀泥"的现象，对真实的学术问题探讨严重不足，甚至让参与听课者有被"忽悠"的感觉。

一位教师曾向我叙述了他参加某课堂学术研讨活动后的感受：

活动安排了年轻教师上课，并且邀请了一位专家评课。这位专家在表扬了上课的年轻教师一番后，说了一段话，大意是这样的：这样的大型活动，我们对年轻教师要鼓励表扬为主，这堂课存在的问题我就不公开讲了。我当时有一种被耍了的感觉。看起来专家很懂人情世故，在保护上课教师的自尊，但事实上是愚弄了——起码是不尊重我们那么多听课教师的学习权。

我认为这位教师说得有道理。一场大型的课堂学术研讨活动，其核心的目标首先是要给参与听课学习的教师带来学习收获，而不只是为上课教师和专家搭建舞台。

作为专家，应该清晰地知道，一位真正有上进心的、处于成长期的年轻教师，是不会也不应该抗拒来自专家的批评和建议的。遇到失败和挑战的学习经历才有可能是体验深刻的，也最有可能成为教师专业成长的关键事件。当然如能辅以私下的对话交流，一定会帮助更大。

我认识这位专家，以他的专业能力，完全可以把上课教师的存在问题和矫治改进阐述得十分精彩，让大家从中受益。

从我个人的工作经历看，只要能就课论课，就事论事，言之有理，持之有据，上课的教师最后都会坦然接受，甚至心怀感激。有的教师更会因原来的久思不得而茅塞顿开，迎来专业生涯向上突破的关键时刻。

我曾仔细阅读过某大型课堂观摩活动的一本课堂案例集，执教教师都是业内的名师，点评的也都是名家，但遗憾的是没有一篇点评对课堂提出商榷和建议。专业生活如果缺乏严肃的反思与追问，那大概率就是一种对"商业化""庸俗化"的迎合。

作为上课的老师，无论多么大牌，都需有一种学术理性。自己的课堂作品，是需要接受同行各种不同的解释与评论的，一方面是让自己的课堂接受更多思维之刃的雕琢，另一方面也是让自己的课堂作品触发同行更多的讨论和反思。囿于自身，满足在"信息茧房"中的"名师"，最终损害的是自己的学术生命。

对于年轻教师来说，执教公开教学、经历各种课堂评论，特别是批评、商榷、建议的洗礼，更是成长中弥足珍贵的经历。

而作为课堂评论者，只要是出于求真的学术立场、真诚的对话精神，无论评议成熟与否，都是在为在场的同行贡献一种可贵的"偏见"。每一种"偏见"都代表着理解课堂真相、改进课堂的一种解释和路径。

在课堂评议的现场，这样的"偏见"多了，我们对课堂认知的黑暗角落就少了，教师的课堂理解力和胜任力自然也就提高了。

我个人认为这才是课堂评议应该坚守的价值。

二是课堂评议的话语方式存在偏差，主要表现为以下两类：

一类是受评论者学术经验的局限导致的话语方式的偏差。一些"理论专家"的课堂评论习惯于在公共化的学科教学话语间来回，以"概念解释概念""理论阐释理论"的倾向比较严重。而作为上课教师同僚的"草根专家"，则习惯于阐述个人化的经验，其叙述习惯从"我以为"出发，缺乏进一步的换位和共在场域的思维自觉。

在笔者看来，要改善课堂评议的话语方式，一要评议者能主动破局，在现场主动生成，自觉在叙述中加大具体的、现场的、鲜活的课堂实证支持；二要评议者有基于学习科学的阐述自觉。再好的课堂经验也是高度个人化的，如果课堂评论有学习科学的加持，课堂事实就可以在更高的维度上得以审视，就有可能去芜存菁，提炼课堂更好学习的生动路径。这样的课堂评议过程，不仅是帮助在场教师切入课堂内部去理解学生的学习景观，也为课堂经验的迁移和复制提供了确定的底部逻辑。

另一类话语偏差主要源自课堂评议习惯于聚焦教师，而非学生的学习。或者说，评议者想说的是学生的学习，比如已经把"学为中心""学为主""学本课堂"等等术语都说了一遍，但是最终说出来的主要还是教师的"教"，而对学生在课堂中"如何在学""学得如何"等关键问题，只能聚焦在少数几位回答问题的学生身上。

"课堂以学习为中心"已经成为一种趋势性共识，但课堂评议的话语体系还停留在过去。这其实是典型的"爱无力"现象。

比如我作为小学语文教研员，多年的听课者经历让我感受到教师总是讲得太多，对于全班学生是否有效在听、有效在思，说实在的，我经常所知模糊，以至于长期以来，对于课堂我能和教师们探讨的基本局限于教师教的行为。

对于我这样熟练的课堂评议者来说，教师教的行为是容易被聚焦的，也是容易被我拆解和分析的。但"教"是为了引发"学"，支持"学"，推动"学"。对于最应该被讨论的学生丰富的、各有差异的学习历程和学习现象，因为缺乏相应的观察意识和观察工具，我的确所知模糊，大都只能关注到发言的学生的表现，对于其他学生的学习真相，其实所知甚少，以至于在课堂评议时，只能蜻蜓点水。这样的情况直到在我实践"学习共同体"理念、真正开始课堂深度学习探索之后才有了根本性的改进。

我相信在有关观课议课的专业生活中，每一位同在现场的教师都期望通过同行或者教研专家的评议和指导来反思、改进自己的课堂。但事实上常常因课堂评论者的立场和话语方式偏差，导致对观课评议活动本身的疏离，甚至排斥，最终导致自己对改进课堂的无感。

笔者在调研中还发现，相对于评议课来说，教师更喜欢听课。在学校日常的校本教研活动中，教师们愿意克服困难来听课观课，但不太愿意参加后续的评议。一些学校的课堂评议活动成为了应付性的、草草过场的"鸡肋"。其中有各种原因，但评议课活动的价值立场和话语方式的偏差无疑是主要原因之一。

　　在课堂亟须"学足学好"的"双减"时代，课堂评议亟须价值重建。

　　以往我们在进行课堂评论时往往会天然地滑向"只要解决教的问题，学生就能学好"的假设。我们习惯于基于学段和年级的公共学情与静态学情进行讨论，缺少对特定班级、具体学生、动态学情的自觉追问。

　　课堂的真相是"教过并不等于学会""教过不等于学好"。坦率地说："教"更像是一种理想，而"学"则是一种需直面的现实。在理想与现实之间，有许多复杂丰富的挑战，有许多需要对接和逾越的沟壑。

　　在我的深度学习课堂建设的愿景里，强烈建议课堂的执教者、指导者、评议者都应当在"学生如何学，会更好"这一个维度里展开研讨，结合学科特点和学习科学，以分析、解决课堂中学生学习历程中遇到的焦点问题为话语框架，展开关于课堂的学术对话。

　　我曾读到过香港大学原副校长程介明教授的一段话：教师专业发展的根本是以学生为重，以"学习"为主线索，经验与科学相结合。学习科学是教师专业发展的支撑，如果没有这个支撑，经验也许就停留在经验；如果加上学习科学的支撑，就不仅仅只是经验，而是成为教师可以举一反三并广泛运用的理论。

　　我深以为然，希望我们的课堂评议能够循着这样的方向前进，为课堂深度学习的发生提供更好的学术土壤。

如何理解课堂困境的生成逻辑

课堂是学校的中心。对于课堂理解与改进的讨论，是每一位有良知的教育工作者都绕不过去的话题。

作为一名从业已 20 年的教研员，课堂就是我工作的田野。在多年的课堂学习观摩和研究诊断的经历中，我深感我们的课堂，无论是舞台课还是一线的常态课，长期以来都存在着浅表性学习、表演性学习、虚假性学习的现象。具体表现如下：

一是学习内容过度"舒适"。表现在教师普遍忽视具体班级及学生的学习起点，缺乏学情研究意识，尤以学习内容的浅表性和碎片化最为突出。以语文为例，大量的教学时间耗费在学生一读就懂的问题上。

二是学习历程高速滑行。教学的注意力集中在教学内容的完成度与完整性上，教学内容高度压缩，课堂高速、平顺地线性滑行。这与缓慢而复杂的学生学习历程之间存在巨大落差。这样的课堂难以编织成一张学习之网。

三是学习个体互相孤立。具体表现在课堂强调个体的表现与表达，忽视相互倾听，学生在学习中缺乏存在感，课堂学习阶层分化现象严重。

四是思维冲刺没有发生。学习任务以识记、练习等低阶思维为主，缺乏挑战性学习任务设计。教师缺乏培育学生高阶思维的意识。

五是学习结果容易"脱落"。浅表性学习的结果往往具有脆弱性，这些知识与能力往往在学生的认知结构中处于梗阻状态，难以解释和解决陌生化的问题情境。

上述课堂问题的形成乃至长期固化，自然是一个复杂的过程。教师作为课堂的"首席运营官"，毫无疑问有很多可以反思和检讨的地方。这也是笔者多年以来，试图和老师们一起理解这些问题并尝试改进课堂的主要动因。以笔者的有限学习与研究经验看，上述问题大致有以下一些生成逻辑。

一是教师潜意识中默认"教过"就是"学过"。常见一些教师在课堂上教得细致入微，频繁地提问、互动，课堂看似热闹，但学生思维却没有被激发，学习没有真实深刻的体验和领会。

二是教师对学困生缺乏适度的回应和支持。由于教师的理念认识及现实班额过大等原因，教师在课堂上习惯沉浸于自己的教，习惯于关注面上的教学实施，难以体认到个体学生真实而曲折的学习历程，难以发现个体学生具体的学习困境，更难以给学困生具体的回应和支持。

三是课堂长期受学习内容以考点为核心导向的影响。依循"考什么"就"教什么"的机械逻辑，教学行为以应试为取向，把具有丰富联系、生动鲜活的学习内容压缩成传递静态知识、传授应试能力的过程。

四是长期受"你追我赶"竞争性课堂文化的影响。不只是教师重说轻听，学生关注的也是"我要说"，而非"我要听"。没有建立在倾听、互惠基础上的表达，难以形成大面积、高质量的学习结果。笔者大量的课堂观察表明，那些看起来为"争先"而学习的课堂，大部分的学生会成为旁观者、失败者和相互埋怨者，课堂安全与润泽的生命氛围将难以形成。这也是课改以来我们一直提倡的课堂合作文化难以真实落地的深层原因。

五是对"舞台课"的学习借鉴缺乏深度转化。"舞台课"的出现曾是课堂教学研究的巨大进步，早期对传播交流课堂理念与学科先进教学思想，培育名优教师起到了积极作用。但由于"舞台课"蕴含着成人世界一些直接的功利，教师在教学过程中自然会把观众听课的愉悦感和满足感作为考量的一个重要因素。而对于观课者来说，由于受到观课位置、现场条件和传统评课议课文化的影响，很多时候对一堂公开课的观察、讨论，基本只能停留于教师"如何教"上，而对于学生"如何学"很难清晰地观察分析。对于"舞台课"的学习和借鉴，教师要多一点专业理性的复杂性思维，特别要警惕教师成为演员，学生成为道具，学习成为表演的课堂异化现象。

课堂困境长期存在的成因是错综复杂的。但作为专业人士，教师需要持续保持对课堂的敬畏和好奇，努力走进课堂内部的真实世界，去理解各种关系，尝试去解释课堂困境成因的内在逻辑。

今天我们对课堂困境的成因认知越清晰，越系统，就意味着我们的课堂治理和改进越精准，越能产生合力。我想这样的行动逻辑，就是教师作为学习研究专家的重要意义。

学困生"习得性无助"的理解与干预

　　每一个正常的孩子都对世界和未知充满着好奇。这是他们与生俱来的原力。人生幼年期的诸多第一次，都是从失败和出错开始。这些尝试时的出错需要成人世界的引导、支持和帮助，而不是呵斥、漠视和惩罚。

　　生活如此，学习也是如此。

　　让学生看到自己通过努力带来好的变化，是触发其能动性的关键。

　　当学生在学习上连续挫败而得不到学业和情感上的支持，他最终必然归咎于造成其学业问题的因素是内在的、稳定的、自我不可控的。他会认为自己无论尽多大努力，都难以提高学习成绩。

　　当学生无法找到自己的努力与理想的学习结果之间的关联，他就会对自己失去掌控感，继而形成对学习现实的无望心理和"无能为力"的行为。

　　"习得性无助"是心理学家塞利格曼 1967 年在研究动物时提出的。他用狗做了一项实验，起初把狗关在笼子里，只要蜂音器一响，就给以难受的电击。狗关在笼子里逃避不了电击。多次实验后，蜂音器一响，在给电击前，先把笼门打开，此时狗不但不逃，而是不等电击出现就先倒在地上开始呻吟和颤抖。本来可以主动地逃避，却绝望地等待痛苦的来临。

　　学困生的问题主要就体现在"习得性无助"，体现在低自我、低成就感、低效能感、低自尊。

　　"习得性无助"会导致学生思维系统的关闭，伴随形成内疚、沮丧和自卑的心理，形成不愿做尝试性努力、得过且过的心灵偏差。

　　学困生在课堂中常会采用各种"伪装"的方法来蒙蔽老师，继而逃避学习。在以纪律管控优先的大班课堂里，只要不吵不闹，遵守纪律，学生假装学习的"自我伪装"大多能蒙混过关。

上海师范大学的陈静静博士曾经介绍过她观察到的一个案例：学生看似在投入地思考，认真地在书写，但是教师变换了一下观察的角度，发现学生竟然在悬空佯写——笔和纸隔着一点距离。

这是一个比较极端的学生虚假学习的案例。

还有一类虚假学习的学生往往会表现出非常遵守纪律的姿态，比如坐姿非常端正，但眼神空洞，从不主动参与发言讨论。

最具有"欺骗性"的一类虚假学习者看起来十分配合教师，不会对教师的教学活动造成任何干扰，但实际上却没有真正启动学习。比如不主动思考，但记笔记却很勤快。这类虚假学习往往会造就"伪优生"，表现在静态知识滚瓜烂熟，但与知识相关的学科思维网络并没有形成，知识在个人认知系统中的"黏性"不足，导致所学知识无法在陌生化、整合化的情境中进行迁移和运用。特别是面对素养导向下的以原创题为主的重要考试，这类学生就会面临困境。

课堂的主要挑战在于教的惯性是压缩的、快速的，而学生的学习是复杂、缓慢、有差异的过程。这之间的矛盾如果处理不当，必然会造就一批课堂学习的不适应者。

如果学生的学习困难得不到教师和伙伴的及时支持与关切，学习的任务就无法完成。随着学习困难的累积，最后就会压垮学生在课堂学习中的努力和勇气。这既缘自外界的不断暗示，也缘自自己的反复默认。当学困生的"心灵钢印"产生，学生在学习上就真正"投降"了。

我曾在自己的省名师工作室网站上读到了工作室学科带头人郑伟老师写的一个案例，其中叙述的一位学生的朗读经历吸引了我的关注，大意如下：

上课老师用她那悦耳的声音说道："这篇文章只有四个生字，这四个生字呀，全躲进句子中了，能不能读正确呢？谁愿意来挑战一下？"对于二年级的学生来说，读这些句子难度并不大，孩子们都争先恐后地举手了。我旁边的小女孩被请到了。她有点羞怯，或许由于害怕，身子紧紧地贴着桌面，手不停地拉着衣角，她读得很认真，但声音很低，看得出来她很想把这些句子都读对。当读到第三句话时，不知道怎么回事，老是多字，于是她又重新读了一次，终于勉强地读顺了。而读第四句话，读到"网上垂下来"时，她忽然发现自己的舌头这么不好使，后鼻音、翘舌音老是念不准，她反复读了两次，还是读不好，她的脸开始红了，声音也开始变调了。后面的学生情不自禁地发出"嘻嘻"的笑声，后桌的小男孩还发出嘀咕声："这么简单也不会读，太笨了！"女孩的脸色变得异常难看，眼睛里盛满了难受。她一声不吭地站在那儿，把头低下来，看起来她放弃了努力。老师见此情景，走到小女孩面前，亲切地抚摸着她的头，温和地说道："孩子，你读得多努力呀，我为你的勇气感到骄傲。读错了，没关系，老师来帮助你，相信你一定会读好的。"老师那充满关切的眼神、真诚的话语连我都感到由衷的温暖。小女孩又开始读起来，这一次，竟然读得特别好。

我们很清楚，课堂现场有大量的学生在遭遇着类似的学习困境。当然这位学生是幸运的。由于老师的及时干预，这位学生最后收获了学习的勇气。

教育部基础教育课程教材发展中心副主任刘月霞在中国教育学会第三届课堂教学研讨会暨高质量初中教育发展研讨会上的主题演讲《深度学习为课堂教学改革赋能》中讲道：

"我们的学生的学习更多是受外部的动机驱动，他自己感受不到学习的意义，没有兴趣，不想学，不爱学，也不会学。他在学习中也遇到了很多问题，比如：不理解，记不住；记住了，不会用；会解题，难迁移；等等。"

关注学生学习中的困难，激发内在兴趣和动机，使其有机会体验到学习的完整意义，是教师在课堂中应该考虑的重点问题。

塞得格曼在"无助感理论"中把无助感的产生分为四个阶段。

1. 在努力进行反应却没有结果的"不可控状态"中体验各种失败与挫折。

2. 在体验的基础上进行认知。这时人会感到自己的反应和结果没有关系，产生"自己无法控制行为结果和外部事件"的认知。

3. 形成"将来结果也不可控"的期待，"结果不可控"的认知使人觉得自己对外部事件无能为力或感到无所适从，自己的反应无效，前景无望，即使努力也不可能取得成果，也就是说，"结果不可控"的认知和期待使人产生无助感。

4.表现出动机、认知和情绪上的损害，严重影响后来的学习。

从学习"习得性无助"的发生机制来看，教师在课堂中体察学生的学习状态和学习心理，并及时进行积极干预是多么重要。同时作为专业人士，教师也需要和同僚利用各种机会来讨论、理解学生的学习历程，特别是对学生学习困境的理解和干预的可能性进行探讨。

但不可否认，我们在关于课堂改进的专业生活中，对于学生学习理解的话语还时常流于空泛和粗糙。因对课堂观察和理解的"粗颗粒度"，导致我们无法更有力度地共情和支持学生摆脱学习困境，特别是相对弱势学生的困境。

我特别建议教师在课堂上关注、理解学困生的同时，不妨邀请同行进入自己课堂现场的内部，用"蚂蚁之眼"去完整地观察和记录班中学困生的学习历程。通过自己观察和同行的他者观察，去感受、理解班级中学困生的真实学习状态和完整学习历程，并形成具有解释性的证据链。这为教师对班级中学困生的干预提供了实证视角。

我深信"教育就是儿童研究"。细微、精准地理解学生的学习世界，从而给学生提供更高品质的帮助和支持，应当成为教师专业生活的高贵追求。

从"不确定理解"到"学困生帮扶"

　　课堂中学生的每一次表达都代表着学生所理解的经验世界。作为教师，要努力给机会和时间，让学生相对从容地表达出自己的真实理解。这样的理解可能是模糊的、碎片的，但对于学习的进程来讲，这远比清晰正确的回答更加重要。

　　对答如流、口若悬河式的表达往往是独白的，缺失认知的矛盾与冲突。而断断续续、磕磕巴巴的话语则很可能蕴含着对他人话语的真实思考，对自己思维的不断检视和修正。这是因为思维活跃在一定程度上表现为话语的迟疑和含混。对于个体的学习进程来说，这样的应答更有价值。

　　学生真实的、不确定的理解，往往是课堂中真正引发深度对话、认知精彩生长的"芽点"。而这一切的发生，最需要教师真心的等待和真诚的包容。

　　作为教研员，我深感在一线课堂，特别是在公开教学中，不少教师为了追求课堂的进度和所谓的整体效果，运用了太多的"技术"来处理和粉饰学生学习进程中真实存在的问题。

　　比如教师只提问举手学生的课堂现象。教师提完问题后被学生的举手吸引，然后点名学生回答，这似乎是一种无意识的条件反射。但当这样的情况成为常态，就极有可能导致课堂上学生发言机会的不公平。每个学生的学习风格各有差异，有的比较外向，愿意在公众面前表达自己，有的则比较内向，没有十足把握不愿举手。更何况课堂中学生的学力有高低，思维有快慢。如果教师只愿意把发言的机会给举手者，那么课堂就会造就更多的学习落后者。这其实是一种课堂学习权利的不公平。

佐藤学在《教师的挑战》中写道："点名并不受儿童举手的束缚。"他这样描述八木老师的这一课堂状态：她琢磨每一个儿童的表情变化，侧耳倾听他们的低语，不举手的儿童也经常被点名，并静静地等待那些不知如何表达的儿童组织语言。一旦发现其他的儿童没有听到，则通过重述，让全班学生知晓。

再如当看到有学生出现学习困难时，教师和学力强的学生会下意识地立即给予帮助，甚至会把答案直接告诉或者"渗透"给学生。笔者多次观察课堂中的四人小组学习，当轮流发言过程中有学生遇到困难停顿时，优秀的学生马上会着急地提醒或者告诉答案。

在深度学习的视域里，对学习遇到困难的学生最好的帮助是宽容和等待。"让子弹飞一会儿"，让学生有相对充分的时间去思考和组织语言。在遇到困难的学生没有很明显地表达出需要帮助前，教师和学力强的学生最好"按兵不动"。

课堂理应是让学生学习去挑战、去失败的最安全场域。

教师应当倡导学生在无法独立解决困难时去主动求助，主动表达疑问的习惯。当学生能安心地跟大家求助，并且能够得到及时的回应和支持时，学生的学习就不再孤立。

这样的规则，同样适用于日常学习生活中学优生与学困生的互帮互学。

如果去仔细地观察那些教师指定的学优生对学困生的帮扶，效果往往和我们的心理预期相去甚远，会发现不少被帮扶的学困生在想办法尽快逃离。

作为专业工作者，我们需要深刻地反思，这样的指令式帮扶，本身蕴含着学优生与学困生的权力差。没有人会愿意被安排在人群生态位的低端。

对学困生帮扶的关键在于要激发其想得到帮助的能动性。教师在这个问题上最需要做的是不断鼓励学困生主动地去请教，而非坐等被安排帮助。

我们都很清楚，学习本身就是挑战，但学困生在挑战学习的困难中得不到有力的、持续的外部支持和回应。

学困生遭遇的最大问题在于把所有的问题归因于个人天赋不够，能力欠缺，基础薄弱，而不是请教不够，努力不够，知识的联系和运用不够。

天赋不够、基础薄弱等是内在的，具有一定稳定性，是难以改变的。随着年级升高、越来越频繁的学习挫折的出现，这样的自我认知会被学困生进一步固化，直至"逃离"课堂，和学习绝缘。

教师作为学生成长的关键他人，一方面需要成为学生课堂学习活动的设计师，另一方面更需要在课堂实施过程中对学生的学习困境与迷思进行充分关注、理解和支持。从这个意义上说，教师还应当是学生动态学情的分析师和学生学习动力的助燃者。

"学生如何学，会更好"，这是课堂深度学习秉持的基本价值观。我们需要以此为指引，在课堂现场中寻找答案，在难而正确的课堂改革之路上持续努力！

"不主动发言"的理解及改进

一位学员撰写了研修叙事《以己之心解学生之心》，讲述了在参加某次研修学习活动时"破冰"环节的经历。文中这样写道：

> 主持人老师要求各小组代表发言时先介绍组内的其他老师，然后再介绍自己，并强调不能看刚才组内交流时的记录。当我听到这个任务的瞬间，焦虑就产生了，我害怕自己成为小组代表，害怕出丑。我所在的小组是会场里人员最少的小组。我努力尝试记忆刚才小组交流时组员的信息，可怎么也记不住。我的焦虑越发严重了，以至于心跳也更快了。就在此时，主持人宣布自告奋勇的那个小组来展示。哎，一颗悬起的心终于落地了……

这位学员想表达的是，通过描述自己面对公众发言时的窘境和不安，提醒自己要理解课堂中那些"恐惧"发言的学生，提醒自己对学生的发言要学会包容和等待。

以己度人，这是建立在学习者普遍人性基础上的思考。只要是处于学习的场域，无论是成人还是孩子，其作为学习者的心理是共通的。比如在公众面前害怕失败，害怕自己不够出色。

作为职业教师，我们的课堂研究需要这位学员这样的反观诸己。

学习之所以被称为"学习"，就是因为其天然存在着困境、迷思和失败。

对"安全感的需要"是人与生俱来的本能需要。当安全感受到威胁，每一个学习者都会启动防御机制。"逃避"更是本能的选项。

比如一些学生在面对老师提问时习惯于把头低下，眼睑下垂，其实就是为了避免目光与老师接触，害怕被老师叫到站起来发言。

再比如当学生回答问题时站姿松垮、音量偏低时，其实是其课堂的存在感低弱，或是在表达其对当下课堂的一种不满和"逃避"。

一次我和女儿聊天，谈到了她以前上课不愿主动发言的问题。

她跟我如此描述：老师站在讲台上讲课，自己在下面记笔记是最有安全感的。最怕老师突然心血来潮，讲着讲着，突然提了个问题，然后走下讲台，向学生走来。这时自己就会低下头，开始垂下眼睑，屏住呼吸，生怕和老师对视，老师走近了，心跳就加快。如果老师走过去了，自己就会长舒一口气。

在课堂中，由教师提问带来的学习"威胁"，不仅是认知层面的挑战，还关乎学生在群体之中的体面和尊严。课堂社会中存在着人际网络，在性别意识已经完全觉醒的中学阶段，这样的情况会更加突出。

在笔者所观察的课堂中，总能见到不少学生只是端坐在那里，整堂课不举手发言，课堂全程默默无语。这样的学生"乖"得让人内心怜悯和难受。年级越高，这样的学生就越多。

他们也许和你我一样，天性不喜欢在公众面前抛头露面，不喜欢做没有把握的事，害怕丢面子。

但教学之所以是教学，就是要在课堂中助推学生离开"舒适区"，不断地挑战认知和能力的"学习区"，在认知失衡中重构更高维度的认知平衡。

同时，学习不仅是学得新知，更重要的还是不断萌生和建设持续学习、好奇学习的积极成长型心态。

不可否认，我们当下的大量课堂更关注的是教学内容的完成度，关注的是教学预设线路的执行。相比具体的学生，教师可能更关注的是问题能否被正确回答。在这样的课堂里，教师提出的每一个问题，就如课堂行进线路上的节点。当有问题被学生正确回答，教师在潜意识里就认为是一种"过关"，教学的进度就由此往前推进。

长期以来，我们的教学潜意识认为"教过就是学过，学过就是学会"，以致很少去专业地反思下面两个问题：一是这个学生正确的回答是否意味着他已经掌握了这个知识点的学科思维网络，如果下次遇到陌生化的情境，是否会迁移运用这个知识？二是这个学生正确回答后是否能意味着全班学生或者说大多数学生对这个知识点都已经理解掌握，并能实现迁移？

上述这两个问题不解决，尤其是对第二个问题的长期漠视，导致课堂的"夹生学习"大量发生，成批的学生纷纷掉队，课堂因此变成一位教师与少数几位优秀学生在对话，而大多数学生成为旁观者。

在笔者的观课经历中，很少能见到教师在重点问题的正确回答出来之后，还能有针对性地组织全班学生继续聚焦，通过以点带面，促进全班学生对关键内容的持续理解与内化。

如果在核心任务和关键问题上的教学进程过于流畅，就会导致学生新的认知无法与旧的认知产生冲突，无法实现新的认知的充分内化和重新建构，无法实现对学科关键知识思维网络的进一步理解。

面对课堂中的问题和挑战，一部分学生由于长期处于"习得性无助"的状态，他们真的不能回答老师的问题；一部分学生则有可能心里有点想法，但难以用学科语言进行流畅的表达。课堂线性化地快速推进，让这些学生彻底成为了课堂"沉默的旁观者"。随着课堂失败经历的大量累积，他们慢慢地在课堂中形成了自我否定、关闭思维的学习惯性。学困生也由此产生。

那什么时候学生在课堂中敢于发言、乐于发言呢？从笔者访谈过的老师和学生的回应看，基本指向是自己有准备的时候，有足够自信的时候。

如何破解这个问题，在我看来可能有三个路径。

一是事先预学。课堂时间有限，宝贵的时间应该多用于公共发言、协同对话、相互倾听、相互启发。在课堂公共发言之前，先要给学生充分自主预学的机会，给学生根据自己的认知节奏自主决定时间长度的机会。这样的预学可以先在课堂中进行培养，逐步过渡到学生课外的自主预学。让学生在安心的、充分的预学中，与文本对话，与自己对话，初步形成自己的思考。一旦有了自己的思考之后，在倾听同伴的表达时，就会更加专注，就会不断地检视自己的思考，从而更新修正自己的理解。如此，课堂发言的过度焦虑就会得到一定情况的缓解，学生的学习困境就有可能得到突破。

二是小组互学。如前文所述，课堂中的重点问题和核心任务，教师一定要放慢节奏。在学生自学的基础上，教师要强化小组互学的设计和指导。在全班公共交流之前，要让每一位学生在组内有平等而充分的交流经历。为了保障学困生的学习权，我们在实践中探索出了一条经验，那就是无论是小组内的交流，还是代表小组公共发言，一般都是从组内平时发言机会最少的同学（学困生）优先开始，其他同学依次补充。如果我们的课堂能多做一些更细腻的设计，对突破学生的认知恐慌就能提供更有力的支持。

女儿现在上了大学，我了解到她日常的学习方式经常是需围绕议题和任务组建学习小组。每堂课的主要环节就是针对事先准备的议题汇报，然后就是回应老师和同学的质疑，以及质疑其他组的汇报。和我们课堂中常见的小组汇报学习不同，女儿向我介绍说，他们的小组中每个成员都需要根据事先分工进行发言。学习小组整体表现的等级就是每个成员的成绩等级，而这是她这门学科平时成绩的重要组成部分。

这样的学习设计，让自称"社恐"的女儿经常需要利用各种机会和同学、老师讨论沟通。不仅自己需要学习，还需要各展所能，想尽办法帮助组内其他同学提高。这是我现在了解到的目标驱动下协同学习的最好范式。

三是教师的课堂敏感。作为老师，特别需要用眼睛和耳朵参与教学，及时读懂发言困难学生身上发出的"求救信号"，及时听懂学生发言中的发展可能性，特别是情绪信号。

我强烈建议学校的课堂研究不妨以"学生为什么不愿主动发言"为问题导向，去进一步理解和探索什么样的路径和策略可以帮助学生改善课堂中"逃避学习""思维关闭"的困境。

印度电影《地球上的星星》，讲述了一个患有读写障碍孩子的成长，导演用大量笔墨放在孩子主观的奇幻视野上。在这部电影中，我们可以看到主角伊桑在课堂上进行星际大战，在数学考试时运用宇宙天文算法……这就是孩子们的世界。

我们不见得能全部洞见课堂中孩子的世界。但作为老师，总要努力找出不同的机会，细化各类支架，特别是强化情绪力量的支持，以帮助这些在课堂中遇到困境的孩子，让他们的今天比昨天进步一点点。

如何以串联促进课堂深度学习

教师作为课堂中的第一责任人，如何有意识地穿针引线，编织有助于深度学习的课堂要素及事件，是教师的课堂核心能力之一。

佐藤学把这样的能力称为串联，与倾听、反刍一起构成"学习共同体"课堂的三大基本教学策略。从大的方面讲，教师的课堂串联主要在教材与学生、学生与学生、新知与旧知、课内与课外、现在与未来等几个方面展开。

善于串联的教师具有真正的教学现场智慧，这不仅需要基于高阶目标的课堂大局观，更需要敏锐细腻的课堂现场理解力。

以面对学生的发言为例，教师在进行串联前需要先理解学生发言中蕴含的三种现实关系：一是认识该发言是学习材料中的哪些话语所触发的；二是认识该发言是其他儿童的哪些发言所触发的；三是认识该发言同该儿童自身先前的发言有着怎样的关联。

理解这三种关系中的任何一种，起点在于教师首先需完整接纳学生的发言，才能解读和发现学生发言背后隐含的思维脉络和课堂关系，让接下去的串联更加精准和到位。

在笔者大量的观课经历中，深感课堂的"公寓文化"太盛。比如学生回答问题时经常是你说你的，他说他的，同学之间互不关联，相互孤立。这好比都市中人们居住的高层公寓，住了几年，都不清楚自己家对面住了谁。其主要原因在于教师过于关注谁能回答出问题的正确答案，缺乏个体学生表达后的串联意识与能力。有时学生的发言之间已经产生了微妙的联结，但由于教师不合时宜的语言"切断"，把学生的思维往自己心中的标准答案上"摁"，而导致学生思维的火花瞬间熄灭。

另外，教师的语言习惯本身缺乏串联意味也是一个原因。如"哦，这个问题你是这样想的，我们来听听其他同学的想法""请坐，谁能够比他说得更好""其他同学还有什么别的意见吗"等等，这些语言的背后传递的是对"正确答案"追寻的意味，而非以建立学生间的联结为取向。

学习的本质是不断寻找新的联系，发现新的意义，形成新的素养。这需要教师持续的、强大的串联能力。在当下，我感受最深的还是教师在课堂中要善于把学生的"不会"与学生的"会"串联起来，把"不会"的学生与"会"的学生串联起来。

我一直以为，我们课堂中最大的浪费是对学生间差异性资源的漠视。

学员梁春萍老师曾经在她的教学叙事中这样写道：

在最近的一堂公开课上，我执教四年级第五单元的《麻雀》。在预学单中，班级中大部分学生都能用一个词恰当地梳理猎狗、老麻雀、小麻雀的关系，但有六七个学生没有理解题目要求——用一个动词概括。

我把"不会"和"会"的典型预学单展示出来，引导学生根据预学结果互问互答："你为什么填写的是这个词语呢？""我原来想的是……，现在的想法是……""大家觉得哪一种更合适？"

……

我之所以没有如过去那样简单地判断对错，或者直接忽略"错误"，是因为我的意识里有一根紧绷的弦——要保障每一个学生公平的学习权。通过让大家比较、讨论、解释，提供语言和思维的"跑马场"，让每个学生都在课堂上忙起来，一起经历从"不会"到"会"，从"会做"到"会说"的过程。

我在阅读时感受到的是梁老师在课堂中强烈的串联意识。通过比较预学单这一学习情境的营造，搭建了学生的互学场景，真正从语文的实践层面升级了学习方式。

尤其是当学生的发言直接面对同学时，就会因相互平视而召唤起对方的真诚回应。这样的学习方式虽然可能会多花一点教学时间，但无疑在这样的教学情境里，学生能学得更充分，学习目标的达成度也能更高。

每一位职业教师都会有自己的"课堂初心"。如果让我找一个字形容理想课堂的图景，我想就是"活"：教学灵活，思维活泼，知识活用，生命鲜活……

这样的课堂，必然是以学生学习为主体的课堂，而教师的串联恰如"金针"，在学生学习的发生处、堵塞处顺势而为、起落自如，或衔接、或唤醒、或点睛，恰如乐团的指挥，把学生的智慧和困惑汇合起来，错落有致，相互激荡，渐行渐深，慢慢形成学习磅礴的交响。

如何以反刍促进课堂深度学习

佐藤学将倾听、串联、反刍称为架构"学习共同体"的三大基本教学策略。其中反刍俗称倒嚼，原指牛的独特的消化生理现象。佐藤学借用反刍的寓意，意指学习的过程中就某些关键任务或核心知识需要采取各种方式反复联系，反复品味，反复发现，努力消除学习过程中学生的认知块垒和思维堵塞，以实现内化融通，迁移运用，最终达成知识的素养转化。

学生学习新知一般会经历两个阶段：一是人际传递阶段，即教师和学生之间的输出和接收；二是自学生接收知识信息后的自我认知的加工和转化阶段。

在传递优先的课堂里，教师更多关注的是知识量的输出，追求教案的执行度和完整度。比如教师会更关注提问后的目标答案。目标答案出现，便基本意味着教的终结。这样的课堂看似知识浓度高，节奏紧凑，但最大的隐患是牺牲了大多数学生深度学习的契机，同时也意味着大量学生会因此掉队。

有专家把这样的课堂比作战争中攻城略地的"冲锋"，随着号角吹响，教师就像将领一样，带领着全班学生向目标"进攻"。但复盘每一场"课堂战役"，我们会尴尬地发现，一开始课堂就只靠少数几位活跃的优秀学生在拖着整个学习团队向前挪动，到后来就是优秀者已经远远地跑到前面，而那些反应迟缓的或能力不足的，就成为过程中的被遗弃者。这是因为"冲锋"只能快速向前，不允许迟疑、后退和反复。

反刍某种程度就是一种前进过程中的驻足和回味，在新的联系中发现原有材料新的意义，发现原有知识理解的新角度，让学生在旧有认知中的

"再咀嚼"过程中获得"再发现"的机会。这同时也给了那些课堂即将掉队者"再出发"的可能，让他们通过相互倾听、切磋，在教师的串联中纠偏补漏，重新回到前行的队伍中。

法国哲学家吉尔·德勒兹指出，现代人的问题之一在于不能实现重复。他在《差异与重复》一书中阐述了原因：现代人之所以耐不住重复，就是因为把重复沦为复制，没有追求发现与再创造。

在我看来，课堂需要在三个方面加强反刍，以推动深度学习的更好发生。

一、反刍关键知识促进持久理解

检验深度学习的关键点之一就是学习结果的高黏性，具体表现在学生通过学习过程中将看似孤立的知识联结起来，完成有意义的知识网络建构，并以整合的、情境化的方式达成对知识的持久理解，在面临陌生化的情境时，能实现迁移应用。

持久理解是对"学生在忘记了具体知识细节后，还剩下什么"的回答，这种持久理解位于"学问的中心，能够迁移到新情境中"。

迁移可分为纵向迁移和横向迁移。纵向迁移是把某种知识作为向更高一级发展和跃迁的基础。横向迁移则是把习得的知识应用于其他的情景中。

按照迁移的难度来说，还可以区分为近迁移或远迁移。近迁移的情境与学生获取知识的情境高度相似或者比较接近；而远迁移则意味着与学生获取知识的情境截然不同、高度陌生化。

作为一线教师，最糟心的就是学生看似"一学就会"，但结果却是"一用就懵""一考就糟"。因为问题情境的变化，学生无法将关键知识与情境建立起关联性，这反映的其实是学生对知识及背后的思维网络的理解和内化程度不足。本质上讲，就是因为浅表化学习、夹生化学习所导致的学习结果脆弱，容易从学生的认知系统上脱落。

学科教学能否体现素养导向，关键的观测点就在于学科知识能否迁移、转化，能否解决真实问题。

从这个意义上讲，学科知识特别是关键性知识，比如学科大概念、重要观念就迫切地需要运用反刍的学习方式，从不同角度、不同情境、不同主体入手，实现关键知识在学生认知系统中的反复作用，加强认知的同化和顺应。

二、反刍学习历程以实现"课堂共富"

学习是从他者的问题出发，动员自己与伙伴的经验与知识，直至解决问题的协同探究过程。但我们的很多课堂只是借助小部分学生的参与来展开，大量学生被置之不理，他们很少被教师点名，也很少主动举手与大家分享信息。他们尽量隐藏自己，逃避课堂活动。他们不参与，不兴奋，也未被看中，许多时候只是待在课堂上而已。他们甚至与教师之间似乎形成了一种默契：别管我，我也不会打扰你。我称之为课堂中的"透明人"。

教学质量评价的是每一个学习个体的学习质量。如果课堂教学只浮在群体议论和学优生的层面，班级学业质量自然难以理想。

课堂学习历程的反刍，就是要在教学的关键点、难点处停留、回望、反复、深化。

如果课堂是一条不断前行的小小水流，那么反刍就是水流前行过程遇到低洼、石头等阻碍时回旋蓄水的过程。当学生的"认知水洼"形成一定深度和高度，自然就会继续向前探索。

在笔者所见中，课堂中多是那种相互孤立、面对提问你一言我一语的"投枪式"的回答，这不仅对于回答者缺少深度学习的价值，对于其他倾听习惯和能力比较薄弱的学生也将造成困难，他们难以在这样碎片化的过程中有真正的学习。

在反刍中，不是只有教师在支持学生，更是在引导学生互相切磋、互相支持，让学生在反刍式的学习过程中学会向他人求助，学会"打破砂锅问到底"，学会想方设法让别人听明白。

比如学生在新的探究中遭遇困难时，就可以适度反刍前段，重新出发，或是借助小组活动中的反刍，促进每一个学生的参与。

只有学生比较完整地、曲折地经历完整学习过程，学习才会落到实处，才能从不同侧面对关键知识和高阶目标进行攀登式学习。

三、反刍学生的认知以促进迁移转化

在课堂中，学生的认知主要表现为群体性认知和个体化认知。

如前文所述的"一学就会、一用就懵"的问题，很大程度上是因为教师常把群体的浅表性认知误以为是学生的个人化认知。

其实，只要做好设计，群体性认知往前再走一步就能变成学生的个体认知，从而实现学习的完整闭环。

比如教师可以安排分享成果式的伙伴学说、互说，也可以安排成果梳理式的关键词语记录，还可以通过书面形式进行理解和运用，使口头的认知得到内化，把群体性认知变成每一个学生个体的学习结果。

课堂中的另一种情况则是怎样把个体的认知通过反刍、编织，变为群体的深度共识。

学员周叶萍老师曾在《中国教师报》撰文叙述了她执教《少年闰土》时一段"错过反刍"的经历：

一上课，我出示了课文，引导学生关注第二幅插图，借"插图让你关注到课文中哪一部分文字？标注出来，写上理由"这一基础性问题，让学生开展自主学习。

学生经过自主思考、小组交流后，开始分享。

学生从闰土的外貌中品到独特的样子，从他的语言中感受到热情、见多识广、无拘无束、经验丰富、勇敢机智……从"我"的内心世界中感受到"我"的崇拜羡慕，对自己生活的不满。

在分享过程中，所有的观点就像大海中的鱼儿，丰富又多彩。观点在孩子们之间碰撞，我就在黑板上默默记录大家的思考。

突然，小张提到了"我"和闰土之间的身份对比，说"我"当时是个少爷，而闰土是个仆人的孩子，虽然身份差别很大，但是"我"却对他充满了崇拜。

一时激起千层浪——

"我"的无知与闰土的万事通，是见识的对比。

"我"的四角天空与闰土的海边沙地，是自由的对比。

闰土初来乍到的羞涩和后来的侃侃而谈，是"我"的崇拜给他带来的变化。

······

学生在同伴思维的碰撞中，进入了深度学习的美好境界。我在黑板上标注"对比"时犹豫了一下："要不要反刍？如果反刍，学生肯定能够讲述，已经不需要二次深入思考，但是会不会在原地走个来回？如果不会，这么多观点如沙滩上的贝壳，会不会因观点零散，学生的知识无法构建？"

因为是公开课，时间很紧张，我在犹豫的瞬间作出决定：学生已经跑到这个点上了，我就不反刍了，继续进入下一个环节。

我当时就在课堂现场，并组织老师们进行了课后研讨。我的观点是在这一个环节需要对学生散落的、有价值的观点进行整理和反刍。

会后，一同参加研讨会的陈静静博士对周叶萍老师的这个问题提出这样的建议："当学生观点已经超出教师的预期，到达了一个制高点，可以选择还学生一片自由。或许这一次，教师在课堂上没有做知识的整理，看起来观点很零散，于掌握知识而言，似乎学生的知识建构还不完善，或许还有一部分学生没有跟上学习。作为教师，我们不妨换个视角思考：这时候课堂已经结束，但学习并没有停止。当学生已经把所有观点探寻好了，是否需要教师帮助建构？能不能学着让学生自由地再次建构？不妨下一节课去试试，让学生自己来，什么方式都行，把这堂课学到的所有知识整理出来。这样做，不仅学到了今天的知识，长此以往或许就培养了一种学会整理观点的终身受用的能力。"

周叶萍老师在这篇文章的后半部分写道："第二节课，我就尝试让学生整理上节课学到的内容，这才是每个学生真实的知识建构。这样的学习经历对学生来说，远比教师带着在课堂上'收网'意义深远。"

虽然这堂课已经过去多年，但我现在阅读周叶萍老师的这段课堂叙事，还是保留我当时在现场的观点，认为教师有机会时应该及时反刍，补上"临门一脚"，帮助全体学生把散落的观点进行勾连编织，完成对闰土的形象以及和"我"之间关系的基本认知建构。当然这样处理会面临难以完成其他既定的教学任务的风险，但在关键处顺势而为，提点深化始终应该是一种教学的敏感和智慧。

当然作为公开教学，我十分理解教师当时的心路历程。好在后来有陈静静博士的点拨，让学生在第二课时对这一学习模块进行了自主反刍，对于群体的认知来说，这其实还具有了对上一节课的检测和提升功能。

但由此我也想到，深度学习的公开课研讨，的确需要更长的时间当量才能更完整地呈现学生认知及思维的发生、发展和冲刺。教师一旦在时间上捉襟见肘，教学行为就有可能变形，就难免会忘记学生的真实需要。

从另一个视角看，这也的确呈现了公开教学的局限性。毕竟常态教学是基于课程意义上的连续教学，而公开教学囿于观摩、借班上课等非常态因素，呈现的只是一种截面教学。

学习既是个人行为，也是集体努力。反刍让课堂学习成为了一个更富有活力的生成过程，就像一粒石子投入水中泛起的波纹一样，敏感地显示着课堂中的学习发生、冲突和相融，而教师则会在其中不断收获惊喜，生发教育智慧。

如何"把每一个学生装进自己的身体意象"

我在阅读佐藤学先生的著作时，曾被"把每一个学生装进自己的身体意象"这句话吸引。起初不是十分明白，后来结合自己的听课，领悟到其大概的意思就是教师在上课时要努力把教室中每一个学生都纳入自己的注意力范围。

比如教师虽然和前排同学在就问题进行对话，但也要让距离教师最远的学生感受到教师有注意到自己，而不让其觉得不受教师关注而游离于课堂之外。

在我的经验里，这是非常高超甚至有点神秘的课堂本领。在我大量的听课经历中，经常发现当老师在和个体学生对话时，其他学生，尤其是处于教师注意力盲区的孩子，会突然失去学习注意力的焦点，继而"逃离"学习。

在我看来，这样的本领很难完全进行具体的技能分解。这更需要教师以全部的身心去连接每一位学生，去敏锐地体悟课堂中的细微波动。

我由此认为，从"眼中有人"到"把每一个学生装进自己的身体意象"，这是区分课堂中合格教师与顶尖教师的一种标志。

如何"把每一个学生装进自己的身体意象"？据我自己的学习和观察，我认为可从以下一些要素作进一步的理解。

首先我认为教师对课堂要有安全感和归属感。如果打一个比方，我想教师与课堂，应该是"如鱼入水"的感觉。

课堂的底部是人与人之间的相互影响。作为课堂中的首席，教师的教育人格和智慧对此起着决定性的作用。

其次是教师要建立起"一个都不能少""每一个都重要"的教育哲学。不可否认，我们的课堂大面积地存在着"课堂只是少部分学生的课堂，其他学生只是旁观者"的现象。

我们需要进一步明晰在教室里并不存在概念化的、模糊的"大家"。课堂中存在的是有着自己姓名、容貌和独特的精神世界的一个一个具体的、鲜活的学生。这提醒教师在教室中哪怕以全体学生为对象讲话时，也要从心底里意识到，师生关系首先是你与每个学生个体的关系。

简单地说，我们对课堂中师生关系的理解要从"粗颗粒度"向"细颗粒度"迭代。

再次是教师在课堂中要保持"五官苏醒"，多用眼睛和耳朵参与教学。

比如请学生起立发言，我们原来以为一定要看着该学生听他发言，这是对发言者的尊重。但我在实际的观课中，见到的是当教师的全部注意力都放在发言者那里的时候，教师的注意力就会出现盲区。特别是教师的身后和侧面，常会出现学生注意力溃散的场面。在课堂中，学生一旦与发言者、与教师切断了联系，学习就会中断了。教师的注意力在发言者的身上停留愈久，不在教师注意力范围内的学生学习注意力就愈成问题。

在我看来，课堂中教师要尽量减少"一对一"的学习时间，无论谁发言，教师既要倾听发言者的声音，又要学会视线切换，时而看向发言者，时而如雷达一般关注其他同学，尤其是距离最远的同学，在捕捉、感受学生学习的微动作、微表情中，去发现下一轮教学和对话的契机与可能性。

另外，当教师看向其他学生时，还传递着督促学生倾听，与发言者同步思考的意味。

佐藤学在《教师花传书》中这样写道："回应部分学生的同时，也要保持与其他学生建立联系。教师要维持与学生的多重联系，让学生能够进入自己的身体意象空间中。"

一个课堂中有充分安全感的教师，才会"五官苏醒"。再经由专业的努力和时间的加持，才会练就"把每一个学生装进自己的身体意象"的神奇本领，才会敏锐地感知到课堂学习的细微精妙之处。

当然，我们的课堂首先要从"高密度""快节奏""短平快"式的"野蛮式突进"中慢下来。当我们真正重视慢变量时，才会看见教室里的每个学生，才会关心课堂中细致、幽微的学习风景，才会形成对课堂的洞察力和敏感力。

课堂理解中的 "黑匣子思维"

在马修·萨伊德所著的《黑匣子思维》一书中读到一则故事：

1978 年 12 月，美国联合航空公司 173 号航班从纽约起飞，要在波特兰市降落。降落前，指示灯显示前起落架没放下。机械师提醒机长说只剩 5% 的油了。机长很有经验，说 5% 的油至少还能飞 15 分钟，当务之急是搞清楚起落架究竟放下没有。其实对机长来说，起落架不放下，他也照样能安全降落，但他不想冒险。机长不断想办法，正琢磨呢，一看表：坏了，15 分钟时间到了。

可以说每个领域都有过于迷信经验，然后 "老手翻车" 的事故。

教育领域也不例外。以课堂为例，没有一个名师敢说自己的课堂没有 "翻过车"，没有过令自己至今难忘的遗憾和缺陷。这样的缺陷往小里说是教学失误，往大说就是教学事故。因为教育教学不似医疗和航空性命攸关，更加之其具有普遍性、滞后性和隐蔽性，因此很难真正引起整个行业的追问和研究，自然也难以真正大面积地被当事人重视，或者说当事人也很难用有效的手段来进行纠偏改进。

在航空业有强制规定，所有飞机上必须备上两个黑匣子，它会将全部操作过程记录下来。上述案例，专家通过对黑匣子进行分析，发现一个重大问题：人在紧急状态下，会感到时间变慢，操作者觉得时间足够，可事实上时间已经耗尽。这不是操作者的问题，这是人性的缺陷，靠训练之类恐怕也解决不了。所以航空公司为此专门设计了一个 "四步提醒制度"。航空业通过研究黑匣子，使 1978 年的 173 号航班之后再没有民航客机因机长忘了油料耗尽而坠毁，这就是进步。

教育不是理念的推理，也不是观点的演绎，而是问题与挑战密布的现场实践。课堂有时可能也需要这样的黑匣子，把课堂的过程全程记录下来，通过复盘拆解进行课堂的深度理解。其实这在技术上，已经不存在任何问题。有些地区甚至已经实现了区域课堂的全程监控，领导和专家可以随时随机抽查任何一个学校的任何一个教室的教学实况。

我个人并不认同以"全程监控"来定位这样的技术运用。在我看来，这样的技术可更多地运用在基于循证的课堂研究与改进上。通过记录教师的课堂进程、积累课堂数据，通过具体教学历程的复现和编辑形成课堂"切片"，为各类线上线下的课堂会诊和课堂研讨提供最直观和鲜活的实证。这对于洞察学生学习的真实历程，分析教师的经验和失误，特别是对于教师的一些惯性失误的校治，具有重大价值。

一位教师要改进自己的课堂教学，就一定要有直面自己的课堂，深入课堂内部真实世界的勇气。

我动念写这篇文章，不是要拿课堂和航空简单类比。我想说的是，教师作为专业人士，要多一些专业理性，重视各种课堂证据，学会审视自己的课堂错误，珍惜错误给予的提升自己的机会，而不是长期在自以为是的感性经验中迷醉。

面对复杂的课堂世界，多一些"黑匣子思维"，就是给教师的专业发展以清晰而真实的力量。

教研组织需要"用户思维"

学校教研组织的"用户思维",来源于互联网的启示。

互联网大厂如何赚钱?简单地说,就是搭建了一个底盘稳固、可生长的平台组织,把品牌商、制造商、渠道商、供应商、开发商、服务商、传媒、消费者等联结起来,各安其位,各取所需,从而实现各自利益的最大化。

这些平台成功的底部逻辑,就是其生长与发展始终围绕着洞察"用户需求"。换句话说,是"用户思维"引领着互联网平台的创新、纠错、修复、进化。

学校是学生学习成长的学校,也是教师专业发展的学校。在我看来,好的学校教研组织,也应当具有互联网世界的"用户思维"。简单地讲,就是学校组织教研活动价值链的各个环节都要以"教师第一"去思考问题。

著名教育家弗莱雷曾提出"教育即解放",明确反对以下"灌输式教育":

1. 教师教,学生被教;

2. 教师无所不知,学生一无所知;

3. 教师思考,学生被考虑;

4. 教师讲,学生听——温顺地听;

5. 教师制定纪律,学生遵守纪律;

6. 教师作出选择并将选择强加于学生,学生唯命是从;

7. 教师作出行动,学生则幻想通过教师的行动而行动;

8. 教师选择学习内容,学生(没人征求其意见)适应学习内容;

9. 教师把自己作为学生自由的对立面而建立起来的专业权威与知识权威混为一谈；

10. 教师是学习过程的主体，而学生只纯粹是客体。

以上说的是灌输式的课堂教育。但我们如果把上述的十大问题中的"学生"替换为教师，把"教师"替换为专家或组织者，那上述的可能就正是我们在一线大量经历的、常见的教研和培训的形态。按照弗莱雷的思维逻辑，我们是否可称之为"灌输式教研"？

接受性学习在一定的范围内有其优势和必要性，比如可在较短时间内实现大密度、大容量的知识与理念的学习，但如果不加甄别而泛用，接受性学习会直接损害学生的学习体验感和能动性。

在以核心素养尤其是先进思维培育为主要取向的现代教育价值谱系里，基于生命体验的深度学习已经成为趋势。学习情绪决定着学习结果，这已经成为教育的基本常识。

人人都重要，一个不能少。在我看来，让教师在学校教研组织中有存在感、安全感，以及基于自身专业的生长感和尊严感，就是深度学习视域下学校教研组织建设的基本愿景。

相互启发，智慧众筹。让教师在活动中建立安全的同僚关系，安全、坦诚地说出自己的想法、提出自己的困惑，有机会寻找到解决自己的问题的方向和钥匙，在我看来，就是深度学习时代学校最美的教研风景。

常识告诉我们，无论是学生还是教师，人的学习都是以人性为基础的。

教师经历好的教研活动，就是在经历好的学习历程，这样的体验非常珍贵，自然会投射、影响到教师的日常课堂组织中。

当组织者充分考虑让骨干教师和普通教师都能在教研活动中找到归属感，教师就有可能在课堂中让优秀学生和学困生都能在课堂中找到归属感，为学生公平而有质量的学习生活带来可能。

"用户思维"还意味着产品的交付感和极致性。无论是互联网平台还是教育世界，这是一个"内容为王"的时代。教师参加学校教研活动，交付的是自己的一段生命，关系到的是自己学术生活的体验感。对于个体来说，其中有一个"值得"或"不值得"的价值考量。这一方面固然需要教研活动的组织者的价值引导和管理，另一方面更需要组织者特别是内容策划者的"用户思维"：教师需要怎样的学习内容和学习方式来度过这一段既定的教研旅程？

在我 20 年的教研员职业经历中，经历过不少让人感受到别扭、尴尬的教研和培训活动。虽然其中各有各的问题，但本质上都缺乏对参与教师的需求洞察和人性理解。我们总是想通过行政权力来要求和管理活动秩序，期望通过有序的规则和纪律来实现教研的质量。但事实是以完成任务为目的，缺乏设计、缺乏用户思维的教研，只能造就大批的厌学者和虚假学习者。看似签到、笔记、听后感一样不落，但其实只是走一个过场而已。这和我们课堂中一直批判的浅表性学习、虚假性学习、表演性学习何其相似。

在这个学习资源极为丰富、极为便捷的时代，成年人的学习，已越来越处于游牧的心态，哪儿"水草丰美"，注意力就会在哪里聚集。如笔者关注到某年暑假几个民间团体组织的教育培训非常火热。其中固然有幸存者偏差的因素，毕竟能够抽出休息时间，有的还自己出培训费，这本身就是一次关键的筛选。我仔细看过这些活动的内容和组织方式，不得不说，这些活动受到各地老师的热捧，正是因为其内容具有高度的用户黏性，切中了老师们日常工作和专业成长中的痛点。

比如近年来我曾几次作为专家参加上海真爱梦想基金会学习共同体研究院组织的教研学术活动。坦率地说，活动中来自全国各地的学校领导和老师们参与教研的热情，常让我这个从业 20 年的教研员和教师培训工作者发自内心地感佩。

那些安排在下午的各学科课例研修，经常是天色已晚还一再延迟，以至需工作人员催促才结束。教师们之所以多次黏在这个活动上，不仅是因为这里有安全的对话氛围，更重要的是因为活动的专业含金量：切中痛点的课堂话题、沉浸式的工作坊研修、人人参与的焦点式课堂关键事件观察、足够分量的引领者。

我不止一次听到同行专家的感叹：这样的研修活动，真的叫人上瘾。

具有"用户思维"的课堂深度教研，就如深度学习的课堂一样，关注的是教研中参与者的认知激发，学习过程的建设性支持，以及参与者全程更好的体验管理。

比如以前我们听课议课的时候，习惯站在执教者的对立面，以旁观者的视角来阐述自己的理解和观念。但深度教研的文化更需要我们和执教者站在一起，以更多的同理心来面对执教老师和他的课堂，真实呈现课堂观察的实证，真诚阐述自己的理解和建议。这样的听评课，必然是每一位参与者心灵和专业共振的过程。

完整接纳当下的课堂，完整接纳当下的参与者，课堂的研修文化才会最大可能地消除戒备、警惕、表演和言不由衷，才会向着平等自由、智慧众筹、互惠共赢的方向变化。

有认同，才会有生长。当教师以这样的心态走进自己的课堂，学生的学习也会悄然发生变化。当我们学校的教研和培训活动以每一位教师的真实成长为第一要务，教师就有可能在课堂中以每一位学生的真实成长为第一要务。

如果没有吃到过，你不会知道世界上会有如此好吃的食物。如果没有亲历过，你也同样难以想象现实中看似问题丛生的课堂和教研世界，可以充满温情而专业的教育光辉。

以"学习共同体"推动课改

在当下新的课程方案和各门学科课程标准的学习、转化中，我们迫切需要找寻突破点，形成理论和行动上的合力，以推动学科教学和课堂生态的转型升级。在我看来，"学习共同体"的有关思想可以成为推动新一轮课改的行动哲学。

20 世纪末，以日本为首的亚洲国家开始进行以学生为中心的教育转型。东京大学教育学教授佐藤学继承了杜威的"共同体"理念，借鉴维果茨基的"最近发展区理论"、内尔·诺丁斯的"关怀伦理"、意大利的瑞吉欧教育方法以及芬兰、新加坡等国的教育方法，开始在日本的公立学校进行"学习共同体"的理论和实践探索，并最终形成由愿景、哲学和活动系统所构成的理论和实践体系。[①]

在我看来，"学习共同体"是改造和重塑教育生态的贯通性理论，其价值其实已经超越了具体的学科和课堂，"学习共同体"的建设最终指向的是学生的全人发展和全社会未来国民竞争力提升。

笔者团队近年来在持续学习、实践转化佐藤学的"学习共同体"理论的过程中，深深觉得这一理论对于破解当前一线课堂困境有重要的借鉴价值，尤其是对于推动学科课堂深度学习，全面落实素养导向，实现学科育人、课堂育人，具有重大的教育战略意义。

新的课改时代，我们迫切需要建立以共生、共建、共享、共赢为标识的现代课堂。这是对自己负责，同时对他人负责的学习责任共同体；是"利

---

① 陈静静. 学习共同体的教育改革：走向深度学习 [J]. 上海教育，2021（7）：22-25.

自己"也"利他人"学习利益共同体；是"你好，我才能好""我好，班级才更好"的学习价值共同体。

在我有限的理解里，任何良善的课堂，都应以深度学习为价值诉求，以"一个都不能少"为伦理关怀。每一个孩子，都拥有学习的原力，其内心深处都埋着求真向善的种子。作为教师，应始终相信学生的学习能力远大于实际可见，无论是学优生还是学困生。

课堂由学生、教师、教材、学习环境四个要素构成。个体学生的学习必须置放在与教师、教材、其他学生以及学习环境的关系中来加以认识。

作为一种课堂生态，"学习共同体"不同于大自然的共同体和普通社会生活的共同体。课堂中的"学习共同体"具有鲜明的教育价值考量。

佐藤学在论及"学习共同体"的课堂学习时提出：学科本质、倾听关系和挑战性问题是三大关键要素，这也因此构成课堂深度学习建设的"黄金三角"。尤其是"倾听关系"的提出，为我们理解和改造课堂提供了全新的、便捷的入口。

教师作为课堂的第一责任人，主要通过综合运用倾听、串联和反刍这三种教学行为来实现课堂"学习共同体"的培育和建设。

教师只有在倾听学生的基础上才可能有效实现串联，引领学生反刍，而串联和反刍又可以让学生的倾听更为连贯、深入，发生高质量的内隐学习。这三件事是密切相关的。

串联需要教师话语凝练，如同一根灵巧的针一样穿针引线，提醒、点化，促进学生与学生、新知与旧知、课内与课外等的联系，编织课堂的学习之网，让学生不断扩展认知，发现新的意义。

反刍原是牛的消化生理现象，是指进食经过一段时间以后将半消化的食物返回嘴里再次咀嚼。在课堂中的，反刍意指学习是一个"反复咀嚼和品味"的过程。特别对于重点的学习任务和目标，不是一蹴而就的，而是在不同时机、不同情境中反复出现、横向迁移、来回作用，从而让更多数的学生理解和内化，并长期保持。

当教师在课堂中能娴熟运用这三项关键能力时，学生的认知、思维和情感就会相互回应、感染、交融，形成细腻的、涌动的、连绵的"学习交响"。

一个问题或者学习任务，就如一枚石子，投入不同学生的思维之湖，激起的涟漪或深或浅。在教师的"指挥"下，这些形态各不相同的思维涟漪会相互激荡、融合、延展。这是我现在能够想象到的关于课堂深度学习的最美隐喻。

作为起点的倾听，看似是被动的活动，但是对于教师来说，却能够在学生之间建立最为能动的关系。

我曾经为此写过《倾听的教育学意义》一文，梳理了倾听对于课堂、对于教师职业素养的重大意义。

后来，我看到张华教授在更早的时间已经有这样的表达，他在《走向"倾听"教育学》中这样写道：

"讲授"教育学把教师的讲授置于教育的核心，无论知识还是规范均变成了教育过程中的"传输物"，这种教育学秉持的是控制取向的价值观和反映论的知识观。

"倾听"教育学则把教师的倾听以及师生间、生生间的相互倾听置于教育的核心。在价值论上，它以培养"会倾听的人"即把德性与创造性融为一体的自由人格为教育目的。在知识论上，它把教育过程视为合作创造知识的过程。在方法论上，它把"倾听""描述""解释""行动"四种要素融为一体。

"倾听"教育学的思想取向侧重将"倾听"视为研究和问题解决，旨在探索人的思想或观念诞生和发展的奥秘。"倾听"教育学的体验取向则侧重将"倾听"视为体验和追求意义，旨在探索人的意识觉醒、美好人生体验、个性解放和生活意义的奥秘。前者让人生有力量，后者让人生有意义。将二者适度结合，把解决问题和追求意义融合起来，是构建今日"倾听"教育学的重要策略。①

教育，首先是人学，需要根部的滋润。让每一个孩子的声音都有机会

———————————

① 张华.走向"倾听"教育学 [J].全球教育展望，2010（10）：3-14.

被听到、被理解、被尊重，这本身就是教育回归人性的问题焦点，也是我们寻求课堂改革的核心要义。

理想的课堂，学生的生命总是在被不断丰富和激发，最终得到真正的成长。理想的课堂，教师的生命总是在不断被丰盈，最终实现真正的超越。

无疑，"学习共同体"理论让我们多了一种精神能量和认知海拔，去不断靠近理想中好的教育和课堂的图景——师生在这样的课堂里，不仅是"学习共同体"，更是"命运共同体"！

成为课改趋势中的理性行动者

　　课程是实现育人目标的关键载体。课程方案和课程标准则代表着"课程育人"的国家意志。就新的课程方案而言，这是 2001 年版课程方案执行 20 年来的首次系统修订；就新课程标准而言，这是 2011 年版课程标准执行 10 年来的一次系统修订。新的课程方案和课程标准的出台，一是在课程层面回应教育立德树人的根本任务，二是因应时代和社会的发展变化。可以说，新一轮课程教学改革的号角已经吹响。

　　特别是新课程标准，是义务段课程教材编写、教师教、学生学、质量评价的直接依据。践行新课程标准，已成为当前学校、教师课程教学的首要任务。

　　但毫无疑问，就像面对其他新生事物一样，面对新课改，我们的学校和教师因为过往经验和当下处境，呈现出了与新观念、新要求不相适应的问题。一部分教师因为迷茫和畏难成为旁观者；一部分教师则是应付心态，嘴上讲"新理念"，实践继续"走老路"；还有一些区域和学校则重形式轻实践，忙创新轻传承，以致教师缺失专业获得感，产生了对课改的反感和抵触情绪。

　　在笔者看来，我们当下需要达成以下一些共识，才能更好地在行动上更有力地进入这一轮新课改实践。

一、以持续学习拥抱课改趋势

　　这一轮的课改特别需要学校领导和老师的持续学习。这样的学习可能最需要从以下两方面入手。

一是要经常学习课程标准原文，不断以新课程标准中的关键理念和概念重塑教师的学科课程教学的话语系统。任何理念和概念都是被高度抽象的。学习理解时要关注时代处境，把握其思维网络。

面对新的理念和概念，我们的第一反应不应该是排斥，而是要尝试去理解和判断。新的教育理念和概念的迭代，意味着我们理解教育世界具体问题又多了一种视角。

二是要学习先行者的经验，看见理念和概念还原到真实场景中的路径、策略与方法。

我们必须意识到，课程教学的质量不会随着新课程标准的颁布随即而来。对于实施者来说，再好的新变化也仍然只是一种观念。这一方面需要我们学习基于专业意义对新课程标准的重要观念和概念进行阐释和路径描述；另一方面需要我们学习先行实践者在教学现场对新课程标准的行动表达。

"急用先学"是成年人学习的基本状态。从这个意义上说，加强基于行动案例的课程标准学习，是当下教研、师训部门的当务之急。

二、以渐进改革推动课堂迭代

课堂是学校教育的主阵地，也是课程改革落地的主阵地。无论是"素养导向"，还是"教学评一致"，以及"情境性与实践性"为主的学习方式转变，新课程标准中的每一条理念最终都需要在课堂中得到落实。同时新课程标准的核心理念和概念也为课堂"学足学好"、更好地落实国家"双减"政策提供了核心动能。

但我们必须意识到，所有的变革和进步都是从原来的基础上生长出来的。可以说，新课程标准的颁布，给了我们一次审视、改进过往课程实施、课堂教学的新契机，更为我们进一步指明了学科课堂的育人方向和关键路径。

每一门成熟的学科都有自己的学科本质。这是一门学科之所以存在的第一性原理。比如语文，"语言运用"就是其学科本质。我们传统的让学生"多读书、读好书、读整本书"的教学追求永远不会过时。

新课程标准的出现，不是在动摇原来学科的地基，而是完善了学科课程的育人功能，特别是强化了"素养导向"，倡导学科知识与能力在陌生化的真实问题情境中的迁移运用。

确切地说，新课程标准时代的课堂变革绝不是推倒重来，而是朝向立足学生核心素养发展，充分发挥课堂育人、课程育人功能的持续完善。

我们必须意识到，课堂变革从来不是攻城拔寨式的冲锋，其实更应是一场"静悄悄的革命"。这样的过程应当是温和的、持续的、有力的！

三、倡导寻招想招，让每一位老师有专业获得感

在应试思维还未完全消除，课改成果效应相对滞后的当下，新课程标准的落地一定充满挑战。其中最大的问题可能就来自教师迷恋过往经验的保守主义倾向。

作为学校，一是要在全面贯彻的前提下，寻找重点的突破方向，比如课程实施如何体现"真实情境中解决问题的能力"的培养；二是要积极营造教师在新课程标准实践的过程中发现问题、分析问题、解决问题的氛围，倡导所有教师秉持"进一寸有一寸的欢喜"的教学研究心态。

对于一线教师来说，遇到问题能寻招想招，就是最重要的创新，就是对一线落实新课程标准的知识贡献。

我们经常希望学生成为深度学习者，其实教师首先就应该是新课程标准的深度学习者。寻招想招就是最生动的体现。这其实也是教师更先进的课程教学思维方式缓慢转化和重塑生长的过程。

课改的价值期望永远是成就每一所学校，成就每一位教师，成就每一名学生。在新课改的大局里，每一所学校、每一位教师都需"躬身入局"，边学边做，知行合一。